# RELATION

## DE CE
## QVI S'EST PASSE'
## EN LA
## NOVVELLE FRANCE,

és années 1664. & 1665.

*Envoyée au R. P. Provincial de la Province
de France.*

## A PARIS,

Chez SEASTIEN CRAMOISY, & SEBAST.
MABRE-CRAMOISY, Imprimeurs ordinaires
du Roy, ruë S. Iacques aux Cicognes.

M. DC. LXVI.
*AVEC PRIVILEGE DV ROY.*

AV R<sup>d</sup> PERE

# IACQVES BORDIER

## PROVINCIAL

### DE LA COMPAGNIE DE IESVS

en la Province de France.

ON REVEREND PERE,

Pax Christi,

Ie'scris à Vostre Reverence au nom de cette nouvelle Eglise, qui nous a cousté depuis plusieurs années tant de larmes, & tant de sang, pour luy demander instamment des per-

ã ij

sonnes capables de la cultiver, &
de l'estendre en ce païs, avec le
mesme zele qu'elle à esté commen-
cée. Jamais ni la necessité ne fut
plus grande, de demander ce secours, ni l'occasion plus belle de
nous l'accorder, qu'elle est maintenant ; puisque le Roy veut bien
songer au Canada, & nous envoyer des troupes, pour proteger
en mesme temps ses Sujets de la
Nouvelle France, & ouvrir un
nouveau chemin à l'Evangile.
Nos bons Neophytes ne doutent
point que Vostre Reverence, pour
seconder les saintes intentions, de
sa Majesté, ne donne pareillement des soldats à IESVS
CHRIST, afin de joindre les
armes spirituelles aux temporelles,

& de combatre tout ensemble , la fureur & l'infidelité de l'Iroquois; l'vne , par la predication de la Foy Chrestienne ; & l'autre , par la terreur des armes Françoises. Nous sommes d'ailleurs tres-asseurez, que comme cette Mission a toûjours esté tres-estimée parmy nous , par la grandeur de ses dangers , & de ses peines ; plusieurs de nos Peres s'offriront à venir partager nos Croix avec nous , & consommer genereusement le dessein de leur vocation , auprés de ces Barbares. C'est pourquoy nous conjurons Vostre Reverence de ne se pas opposer à leur ferveur, & de faire à cette Eglise naissante, tout le bien qu'elle pourra luy faire dans sa charge , sur tout en vn temps ,

á iij

où il semble par ces heureux com-
mencemens, que IESVS CHRIST
veut enfin exaucer la voix du
sang de ses serviteurs immolez à
sa gloire, & qu'il nous livre entre
les mains ces Barbares, déja presque vaincus par la crainte, pour
les soûmettre plus aisément au joug
sacré de l'Evangile. C'est la priere
que luy font les Anges tutelaires
de Canada, les Neophytes conver-
tis, les Peres de nostre Mißion,
enfin toute la Nouvelle France.
Ce qui nous fait esperer, qu'vne
si puißante interceßion, jointe à
l'equité de nos vœux, touchera
fortement Vostre Reverence ; &
qu'elle aura mesme la bonté d'in-
tereßer encore les autres Provinces, à nous continuer le secours,

qu'elles nous ont donné si vtile-
ment les années passées. Elle souf-
frira donc, que dans l'attente de
cette grace, & dans la participa-
tion de ses saints Sacrifices, je
prenne la liberté de me dire avec
respect,


MON REVEREND PERE,


Vostre tres-humble & obeïs-<br>
sant serviteur en N. S.<br>
FRANÇOIS LE MERCIER?


A Kebec le 3.
Novembre 1665.

# TABLE.

RELA-

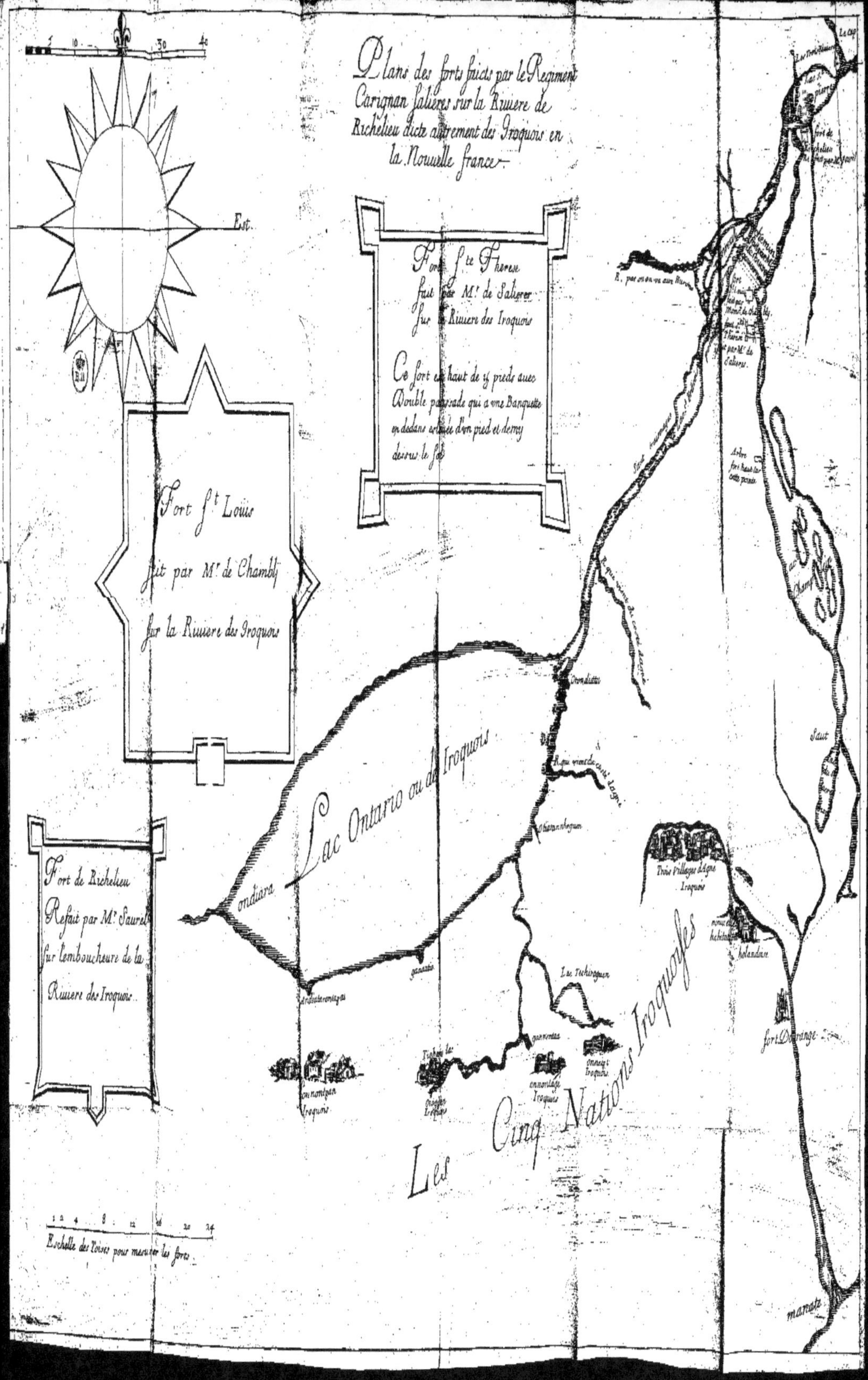

Plans des forts faicts par le Regiment
Carignan Salieres sur la Riuiere de
Richelieu dicte autrement des Iroquois en
la Nouuelle france.
Est.
Fort Ste Therese
faut par Mr de Saligrer
sur la Riuiere des Iroquois
Ce fort est haut de 15 pieds auec
Double palissade qui a vne Banquette
en dedans estimee d'vn pied et demy
dessus le fossé
Fort St Louis
fait par Mr de Chambly
sur la Riuiere des Iroquois
Fort de Richelieu
Refait par Mr Saurel
sur l'emboucheure de la
Riuiere des Iroquois.
Eschelle des Toises pour mesurer les forts.
Lac Ontario ou des Iroquois
Les Cinq Nations Iroquoises
ondiara
Ohondiatio
Roy vient de cent lieues
Ohatannhogun
gannatie
Ardatheronbega
Lac Techiroguen
gannestas
Trois Villages d'Agnie Iroquois
nouuelle habitation hollandois
fort D'orange
onontepan Iroquois
Teghan Lac Goyogs Iroquois
onnontage Iroquois
oneioft Iroquois
R. par ou on va aux Hurons
Arbre fort haut sur cette pointe
Saut
Le Cap
La Prairie
Lac de pierre
fort de Richelieu refaict par Mr Saurel
manete

# RELATION

## DE CE
## QVI S'EST PASSE'
## EN LA
## NOVVELLE FRANCE,

és années 1664. & 1665.

## *AVANT-PROPOS.*

IAMAIS la Nouvelle France ne cessera de benir nostre grand Monarque, d'avoir entrepris de luy rendre la vie, & de la tirer des feux des Iroquois. Il y a tantost quarante ans, que nous soûpirons aprés ce bon-heur. Nos lar-

A

mes ont enfin paſſé la mer, & nos plaintes ont touché le cœur de ſa Majeſté, qui va faire vn Royaume de noſtre Barbarie, & changer nos foreſts en villes, & nos deſerts en Provinces. Ce changement ne ſera pas bien difficile, quand on aura la paix: car puiſque ces terres ſont au meſme climat que la France, elles auront auſſi la meſme benignité de l'air, quand on pourra les cultiver, & les deſcharger de leurs bois.

Iuſqu'à preſent le Canada n'a paſ-ſé que pour Canada : je veux dire qu'on n'en a conſideré que l'aſpre-té & les glaces, & l'horreur de ſes hivers. On a creû que d'y venir, c'eſtoit entrer dans la region des frimats, & dans le païs le plus mal-heureux du monde ; & il ſemble qu'on ait eu quelque raiſon ; puiſ-que la guerre des Iroquois, nous a juſqu'à ce temps, ſerré de ſi prés, que nous n'avons pû ouvrir nos campagnes, pour y respirer vn mesme air, qu'en celles de France ; ni jouïr des beaux païs, que nos ennemis occupent, ou dont ils nous ferment le passage.

Mais nos plus grandes plaintes n'estoient pas tant, de ce que gemissant sous la cruauté des Iroquois, nous ne pouvions faire vn beau Royaume François de toutes ces terres, que de ce que des Barbares nous empeschoient d'en faire vn grand Empire Chrestien.

Nous sçavons que de quelque costé que nous jettions les yeux, par tout il y a des conquestes à faire pour la Foy, & que si l'Evangile n'est pas encore establi parmy ces Peuples, vers lesquels vn de nos Peres est allé cét Esté dernier, & qui font plus de cent mille combattans ; ce n'est qu'vne poignée de mille, ou deux mille Iroquois qui l'ont empefché.

Il eft certain qu'il y a peu d'enne-mis à combatre : mais ce peu d'en-nemis font Iroquois ; c'eft-à-dire presque tels , qu'eftoient autrefois les peuples d'Allemagne & des vieil-les Gaules , lors qu'elles n'eftoient encore que d'efpaiffes forefts , habi-tées par des beftes & des hommes fauvages , qui braverent fi long-temps toutes les forces de l'Empire Romain, & qui furprirent tant de fois ces troupes victorieufes de tout le monde, par les forties foudaines & inopinées qu'ils faifoient de l'ef-paiffeur de leurs bois, fans craindre que ces armes victorieufes les y vinf-fent attaquer.

Nos Iroquois ne font redoutables que par ce genre de guerre : auffi ofe-ray-je bien dire, qu'il ne faut pas de moindres courages , que ceux des anciens Romains, pour entreprendre de les dompter.

Nous benissons Dieu, de ce que sa Majesté a fait le choix pour cette guerre, de vieilles troupes, desja bien aguerries ; commandées par vne Noblesse courageuse, qui a sceû desja trauerser les neiges des Alpes, & s'opposer en Allemagne aux progrez de l'ennemi des Chrestiens, auec tant de bonheur, qu'il reconnoist maintenant par espreuue, le juste sujet qu'il a de craindre, comme il fait depuis tant d'années, les armes Françoises.

---

## CHAPITRE I.

*Arrivée de Monsieur de Tracy en la Nouvelle France.*

L E Roy ayant dessein de relever la gloire des François, dans l'Isle de Caienne, d'où nous estions

fortis depuis quelques années, & de
faire vifiter toutes les Colonies que
nous avons dans l'vne & dans l'autre Amerique, la Meridionale & la
Septentrionale ; fit choix de Monfieur le Marquis de Tracy , dont il
avoit connu la fuffifance , dans les
differens emplois qu'il luy avoit don-
nez en fes Armées. Il luy fit expedier
vne Commiffion , des plus amples &
des plus honorables qu'on ait encore
veû ; luy donna quatre Compagnies
d'Infanterie ; voulut que fes gardes
portaffent les mefmes couleurs, que
ceux de fa Majefté ; luy fit equiper
les navires, nommez le Brefé & le
Teron , celuy-là de huit cens ton-
neaux , & celuy-cy d'vn peu moins ;
avec plufieurs autres vaiffeaux ,
chargez de vivres & munitions de
guerre, de gens à cultiver la terre,
de plufieurs artifans, & de tout ce
qui eftoit neceffaire pour vne expe-

dition de cette importance.

Monsieur de Tracy partit de la Rochelle le 26. de Fevrier de l'an 1664. estant suivi, outre les troupes, de quantité de Noblesse, & de vaisseaux bien equipez. Il fut complimenté par les Portugais de Madere, & du Cap-verd, avec tout l'honneur qui estoit deû à sa qualité, & à son merite. Monsieur de la Barre, ayant mis pied à terre, y fut receu magnifiquement.

En suite les vaisseaux singlerent droit à Caïenne, & ils y arriverent en peu de temps. Monsieur de Tracy ayant fait sommer le Gouverneur Hollandois, de rendre l'Isle aux François, ausquels elle appartenoit, il la rendit sans difficulté ; & Monsieur de la Barre s'y arresta, conformément aux ordres du Roy.

La Caïenne ayant esté ainsi remise sous l'obeïssance du Roy, Monsieur de Tracy alla sans delay aucun aux Isles Françoises, où ayant esté receu selon sa qualité de Gouverneur general, & de Lieutenant de sa Majesté dans toute l'Amerique, Meridionale & Septentrionale, il y mit par tout vn tel ordre, particulierement dans la Martinique, & dans la Gardeloupe, qui en avoient le plus de besoin; que sa Majesté en a esté pleinement satisfaite, ayant sceû comme la Religion & la Iustice y avoient esté fortement establies, les peuples soulagez, & tout reglé sous l'autorité des nouveaux Seigneurs, Messieurs de la Compagnie des Indes Occidentales.

Mais puisque je ne dois pas m'arrester dans le détail de ce qui s'est passé aux Isles, & que je pretends seulement faire vn recit de l'estat de la Nouvelle France; il me suffit de dire, que Monsieur de Tracy, aprés avoir fait dans les Isles tout ce qu'on pouvoit attendre de sa sage condui-te, receut ordre du Roy de se ren-dre au plûtost en Canada, dés qu'il auroit pourveu au Gouvernement de l'Isle de la Tortuë.

Ce fut le 25. d'Avril de l'an 1665. qu'il partit de la Gardeloupe, pre-nant la route vers Saint-Domin-gue, autrement dite l'Espagnole; & passant à la coste des Anglois de Saint-Christofle, où il fut salüé d'vn nombre infiny de coups de canon; cette Nation voulant, à l'envy des François, tesmoigner à ce Seigneur, l'estime qu'elle faisoit de sa condui-te, & de la bonne justice qu'il leur avoit renduë, dans tous les differens qu'il avoit jugez, entre eux & les François.

Il doubla sans peine l'Isle de Por-terie, qui est aux Espagnols; & voyant qu'il ne pouvoit aller à la

Tortuë, à caufe des vents contraires, il fe contenta d'en approcher
autant qu'il eſtoit neceſſaire pour
advertir de fa venuë ceux de cette
Iſle, nommément Monſieur Dangeron, fon Gouverneur, qui le vint
trouver promptement au Port Fra n-
çois de l'Iſle Saint-Domingue, où
le Breſé avoit mouïllé.

Il falut quelques jours, pour expedier les affaires, & pour donner
les ordres neceſſaires audit Sieur
Dangeron, pour fon Gouvernement, & pour luy faire preſter le
ferment de fidelité au Roy; comme
auſſi à tous les peuples, qui fe trouverent dans cette Iſle de la Tortuë,
& dans la coſte de Saint-Domin-
gue.

Aprés cela, le Breſé reprit fa route vers les Caiques, pour venir droit
en Canada, fans fe deſtourner davantage.

Les Caïques font plufieurs petites Ifles affez proches les vnes des autres, entourées de rochers, qui avancent dans la mer, & qui rendent le paffage fi difficile & fi dangereux, que l'on ne fçache pas qu'aucun grand vaiffeau l'ait ofé paffer, aprés y avoir veû grand nombre de naufrages, C'eft ce qui donnoit de la peine à fe refoudre de hazarder ce paffage avec le Brefé : mais Monfieur de Tracy, ne trouvant rien de difficile, quand il s'agit du fervice du Roy ; aprés avoir pris vn nouveau Pilote, & les feuretez que la prudence demandoit, fit tourner de ce cofté-là : confiderant qu'il allongeroit fon voyage de plus de cinq cens lieuës, s'il faloit aller chercher le détroit de Bahama ; & qu'il ne pourroit fe rendre dans la Nouvelle France, dans le temps que le Roy luy avoit marqué.

Dieu benit son courage, & l'intention qu'il avoit d'obeïr le plus exactement qu'il luy seroit possible, aux ordres de sa Majesté. Son vaisseau, sans danger, franchit les Caïques, à la faveur du vent qu'il souhaitoit ; & trouvant peu aprés les courants de ce destroit de Bahama, qui rendent la mer fort rapide le long des costes de la Floride ; il doubla heureusement la Bermude, côtoya la Virginie ; & depuis Saint-Domingue, il se rendit en vn mois dans le grand fleuve de Saint-Laurent.

Pour entrer dans le golfe, il passa entre l'Isle de Saint-Paul & le Cap de Raze ; & le vent estant toûjours favorable, on alla mouïller à l'Isle-Percée, pour y prendre de l'eau & du bois.

En cét endroit se trouverent plusieurs navires, qui peschoient des

Molües, qui saluërent tous le pa-
villon du Roy.

Monsieur de Tracy n'estoit plus
en peine, que des troupes qu'il es-
peroit de France, & qui devoient
estre parties de la Rochelle, en mesme temps qu'il estoit parti luy-mesme des Isles. Heureusement on vit
le lendemain paroistre deux navires, qui portoient les premieres
Compagnies du Regiment, que le
Roy envoyoit contre les Iroquois.

Au sortir de l'Isle-Percée, les Pilotes esperoient, pour avancer leur
route, mener le Bresé jusqu'au Bic :
mais les vents se changerent, qui
obligerent de relascher : & pour ne
pas risquer vn navire de l'importance du Bresé, dans le fleuve de
Saint-Laurent, il fut jugé plus à
propos de louër deux navires plus
legers, & plus propres à monter la
riviere ; & toutefois les vents furent

toûjours si contraires , que les Pilotes ne purent arriver à Quebec,
qu'vn mois aprés.

Ce retardement n'estoit pas de
saison pour Monsieur de Tracy,
qui estoit tombé malade. Il arriva
neantmoins enfin à nostre rade de
Quebec le dernier jour de Iuin 1665.
si foible & si abbatu de la fiévre,
qu'il ne pouvoit estre soustenu que
par son courage.

Les habitans de Quebec s'estoient
preparez à luy faire la plus magni-
fique reception qu'il leur fut possible : Mais Monsieur de Tracy re-
fusa tous ces honneurs , & se contenta des cris de joye , qui commencerent au moment qu'il sortit
du vaisseau , & qui l'accompagne-
rent jusqu'à l'Eglise , où le son des
cloches l'invitoit.

Monseigneur de Petrée , nostre
Evesque , l'attendoit à l'entrée de

l'Eglife, reveftu pontificalement , accompagné de fon Clergé. Il luy prefenta de l'eau-benifte & la Croix; & le mena auprés du chœur , à la place qui luy avoit efté preparée, fur vn prié-Dieu : Mais Monfieur de Tracy, quoy qu'il fe fentift fort foible , & qu'il fuft encore tourmenté de fa fiévre, ne voulut point le prendre , & fe mit à genoux fur le pavé, fans vouloir mefme fe fervir du carreau qui luy fut prefenté. On chanta le *Te Deum* , avec l'orgue & la mufique.

Lors qu'il falut fortir de l'Eglife, Monfieur l'Evefque vint reprendre Monfieur de Tracy, & le reconduifit jufqu'à la porte dans le mefme ordre , & avec les mefmes honneurs, qu'il l'avoit receu en entrant.

## CHAPITRE II.

*La Reception qu'ont fait les Sauvages de Canada à Monsieur de Tracy.*

NOs Sauvages Algonquins & Hurons voulurent aussi recevoir Monsieur de Tracy, selon les coustumes de leur païs, c'est-à-dire par des complimens, accompagnez de presens, qui leur servent comme de chifres, pour representer, aprés qu'ils ont parlé, les paroles passées; ce qu'ils font avec beaucoup d'esprit, pour des Barbares. Car ils donnent à chacun de ces presens vn nom tres-propre en leur langue, pour signifier en abregé tout ce qu'ils veulent dire, afin que ces presens, qui se conservent, conservent aussi par leurs noms, la memoire des choses qu'ils signifient.

Les

Les Hurons commencerent les premiers, parce qu'ils se trouverent alors tous rassemblez à Quebec. Ils ne se presenterent toutefois, qu'au nombre de dix ou douze, des plus considerables.

Vn des plus anciens parla : mais autant de la main que de la langue; & ayant estalé les presens qu'il al-loit faire, dit avec vehemence & d'vn ton de voix, qui declaroit en mesme temps la douleur & la joye, dont il estoit saisi.

Grand Onnontio, dit-il, tu vois à tes pieds les debris d'vne grande terre, & les restes pitoyables d'vn monde entier, autrefois peuplé d'vne infinité d'habitans. Ce ne sont maintenant que des carcasses, qui te parlent, à qui l'Iroquois n'a laissé que les os, en ayant devoré la chair, aprés l'avoir grillée sur les échaffauts. Il ne nous restoit plus

B

qu'vn petit filet de vie; & nos membres, dont la plufpart ont paffé par les chaudieres bouïllantes de nos ennemis, n'avoient plus de vigueur; quand avec bien de la peine, ayant levé les yeux, nous avons apperceu fur la riviere, les navires qui te portoient; & avec toy, tant de foldats, qui nous font envoyez par ton grand Onnontio, & le noftre.

Ce fut pour lors que le Soleil nous parut efclater avec de plus beaux rayons, & efclairer noftre ancienne terre, qui depuis tant d'années eftoit devenuë couverte de nuages & de tenebres. Pour lors nos lacs & nos rivieres parurent calmes, fans tempefte & fans brifans: & pour te dire vray, il me fembla entendre vne voix fortie de ton vaiffeau, qui nous difoit, d'auffi loin que nous pufmes te découvrir: Courage, peuple defolé; tes os vont eftre liez de nerfs & de tendons, ta chair va renaiftre, tes forces te feront renduës, & tu vas vivre, comme autrefois tu as vefcu. Ie me défiois au commencement de cette voix, & je la prenois pour vn doux fonge, qui flattoit nos miferes; quand le bruit de tant de tambours, & l'arrivée de tant de foldats m'ont détrompé. Aprés tout, quoy que je te voye de mes yeux, & que j'embraffe tes pieds; la joye que tu apportes eft fi inopinée, que j'aurois peur d'eftre deceû par vn beau fonge, fi je ne me fentois desja tout fortifié de ta feule prefence. Ie te vois, ô genereux Onnontio; Ie t'entends; Ie te parle; fois le bienvenu, & reçois ce petit prefent du creû de noftre terre, pour marque de la joye que nous reffentons de ton heureufe arrivée, & de l'hommage que nous rendons au plus grand

B ij

de tous les Onnontio de la terre, qui a eu compaſſion de nos miſe-res, & qui t'envoye pour nous en delivrer.

Ce Capitaine Huron, diſant ce-la, jetta aux pieds de Monſieur de Tracy, vne peau d'orignac, façon-né & peinte à leur mode.

Ce ne fut que le commencement de ſa harangue, & le premier de ſix preſens qu'il fit, les vns aprés les autres; diſant au ſecond, que puiſ-que Monſieur de Tracy eſtoit venu pour deſtruire les cruels Anthropo-phages & mangeurs d'hommes, il avoit trop de douceur ſur le viſage, & que tant d'attraits dont il eſcla-toit, n'eſtoient pas pour jetter la frayeur à ces mangeurs d'hommes: Que pour ce ſujet ils vouloient, du moins pour cette guerre, luy ren-dre le viſage effroyable, en le cou-vrant d'vn noir, qui rend terrible ceux qui en font peints.

Il faiſoit alluſion à la couſtume des guerriers Sauvages, qui eſtant preſts d'attaquer l'ennemy, ſe peignent de toutes couleurs, mais particulierement de noir : de-ſorte que comme vne armée de Demons, ils donnent l'attaque, avec des hurlemens d'Enfer, & des cris effroyables.

Par le troiſiéme preſent, il exhortoit les ſoldats François de charger ſi bien leurs fuſils, qu'eſtans dans le païs ennemi, le bruit qu'ils feroient par leur décharge, non ſeulement jettaſt l'effroy parmy ces Barbares, mais auſſi retentiſt juſqu'icy, pour y cauſer la joye, que donnent les coups de canon, quand ils annoncent la nouvelle de quelque ſignalée victoire. Il vouloit dire, que les Iroquois, pour eſtre Sauvages, n'étoient pas tellement à meſpriſer,

B iij

qu'il ne faluſt ſe premunir de bonnes armes, & eſtre bien equippez
pour les vaincre.

Il eſt vray, adjouſta-t-il par vn
quatriéme preſent, que l'ennemi
met la moitié de ſa vaillance à bien
courir : il combat d'ordinaire tout
nud, n'ayant que le fuſil en main,
& la hache à la ceinture, ſoit pour
mieux pourſuivre la victoire, ſoit
pour fuir plus legerement. Quand
vous l'aurez vaincu, vous ne l'aurez pas pris; particulierement eſtant,
comme vous eſtes, embarraſſez
d'habits, qui ſont incommodes à
courir par les haliers & broſſailles,
s'ils ne ſont bien retenus & arreſtez.
Voicy donc vne ceinture, propre à
les ſerrer ſi juſtement, que vous
ayez l'avantage d'eſtre couverts en
pourſuivant vos ennemis, & que
vous ne ſoyez pas toutefois moins
agiles qu'eux, pour courir dans les
bois.

Le cinquiéme present portoit
vne parole considerable : car il di-
soit, que ce qu'il y avoit de plus
fort parmy les Iroquois, n'estoit pas
l'Iroquois ; mais que leurs forces
consistoient, en la grande multitude de captifs, François, Hurons &
Algonquins, & des autres Nations,
qui font plus des deux tiers de la
Nation Iroquoise, qu'ils contrai-
gnent de porter les armes contre
nous.

Il adjoustoit, que si nous pouvions attirer à nous, tous ces Captifs;
l'on déferoit ce superbe Iroquois,
sans coup ferir, & qu'il tomberoit
par terre, ou comme vn arbre, dont
on a couppé la racine, ou comme
vne montagne, dont on auroit sa-
pé les fondemens. Qu'au reste, il
n'estoit pas si mal-aisé de débau-
cher tous ces Captifs, du service de
ces maistres cruels, pour lesquels ils

n'ont que de la crainte & de la hai-
ne dans le cœur, & non pas de l'a-
mour. Que quand l'armée Françoise approcheroit des bourgades Iroquoises, on n'auroit qu'à signifier
aux Iroquois, qu'ils eussent à nous
livrer tous ces Captifs, les laissant
dans leur liberté ; qu'autrement
nous ferions main-basse par tout.
S'ils les rendent, les voilà sans bras:
s'ils les refusent, on les y contraindra par force, & ces Captifs d'eux-
mesmes se rangeront à nous, voyans
leur seureté parmy nous.

Enfin le dernier present, estoit
pour encourager l'armée Françoise,
contre la longueur & les difficultez
du chemin, qui mene aux Iroquois:
& pour faire vne nouvelle protesta-
tion de leur obeïssance, & de leur
fidelité au service du Roy.

Monsieur de Tracy tesmoigna
beaucoup agréer ces complimens

ſauvages, s'eſtant fait expliquer par
vn truchement, tout ce qui ſe diſoit ; & n'y trouvoit rien de ſauvage. Il donna aſſeurance, à cette pauvre Nation Huronne, qu'on n'eſ-
pargneroit rien pour la remettre en
ſa premiere ſplendeur.

Les Algonquins ne pûrent pas
s'acquiter ſi-toſt, de ce meſme devoir ; parce qu'ils eſtoient diſſipez
dans les bois, pour leur chaſſe, lors
que Monſieur de Tracy arriva. Mais
s'eſtant reünis quelque temps a-
prés, ils vinrent le trouver à Quebec ; & Noël Texoüerimat, le plus
ancien Chreſtien, fit ſa harangue
au nom de tous, accompagnée de
neuf preſens.

Par le premier, il declara, qu'il
reconnoiſſoit le Roy de France pour
Maiſtre de toute la terre, & qu'il luy
rendoit l'hommage que tous les fi-
deles ſujets doivent à leur Maiſtre.

Par le second, qu'il regardoit Monsieur de Tracy, comme vn bras droit du Roy, qui venoit pour affermir la terre, & pour ré-fufciter le François, & l'Algon-quin.

Par les quatre fuivans, il luy don-noit des armes, propres pour com-batre l'Iroquois.

Par le feptiéme prefent, il rallu-moit le feu de guerre, qui eftoit prefque tout efteint par l'effufion de tant de fang.

Le huitiéme tendoit à ce que la Nation Françoife & l'Algonquine, demeuraffent bien vnies; à caufe que fans cette mutuelle intelligen-ce, la victoire de l'Iroquois feroit trop difficile, & tres-incertaine. Qu'au refte, eftans tous Chreftiens, ils combattoient pour la mefme caufe, & qu'ainfi ils devoient agir de concert, n'ayans tous qu'vn mesme dessein, la destruction de l'Iroquois, & la publication de l'Evangile.

Par le dernier present, ce Capitaine fit avancer les Chefs des Algonquins, qui l'environnoient, les offrant à Monsieur de Tracy, pour marcher avec luy, & pour l'accompagner dans l'expedition qu'il alloit entreprendre.

Il est vray que le retardement des autres navires, qui portoient la plus grande partie de nos troupes, & qui ne pûrent arriver toutes avant la my-Septembre, a obligé de differer cette guerre au Printemps, & à l'Esté prochain : mais Monsieur de Tracy ne voulant perdre aucun moment, commanda sans delay quatre Compagnies du Regiment de Carignan-Saliere, qui estoient arrivées les premieres, d'aller au plustost se saisir des postes

les plus avantageux , pour avoir le
paſſage libre dans le païs des Iroquois.

Elles partirent de Quebec le 23.
de Iuillet, & ayant groſſi leurs troupes d'vne Compagnie de Volon-
taires de ce païs , commandée par
le Sieur de Repentigny ; elles arriverent aux Trois-Rivieres bien à
propos , pour les delivrer de la
crainte des Iroquois , qui depuis
peu de temps, y eſtoient venus faire leurs courſes ordinaires, avoient
tué quelques habitans, & fait quelques captifs.

# CHAPITRE III.

*De l'arrivée des Algonquins superieurs à Quebec : & de la Mission du P. Claude Alloüez vers ces Peuples.*

PENDANT que ces troupes a-vancées attendoient aux Trois-Rivieres, vn vent favorable pour passer outre, & traverser le lac Saint-Pierre ; elles eurent le plaisir de voir arriver vne centaine de canots des Outaoüax, & de quelques autres Sauvages nos alliez, qui venoient des quartiers du Lac superieur, à quatre & cinq cens lieuës d'icy, pour faire leur commerce ordinai-re, & se fournir de leurs besoins, en nous donnant pour échange leurs peaux de Castor, qu'ils ont chez eux en tres - grande abon-dance.

Vn François, qui l'année precedente les avoit fuivis, & qui les a accompagnez dans leurs voyages,
nous fait rapport qu'il y a parmy
ces Nations, plus de cent mille
combatans; Que les guerres y font
de continuels ravages; que les Outaoüax font attaquez d'vn cofté par
les Iroquois, & de l'autre par les
Nadoüeſſioüax, peuples belliqueux,
à plus de fix cens lieuës d'icy, & qui
ont auſſi d'autres guerres cruelles,
avec d'autres Nations encore plus
éloignées; & qu'il y a plus de cent
bourgades de diverſes loix & coû-
tumes.

Il s'obſerve, en ces païs-là, vn
genre d'idolâtrie aſſez extraordinaire. Ils ont vn marmouſet de bronſe
noir, pris ſur le païs, qui a vn pied
de haut; auquel ils donnent de la
barbe, comme à vn European; quoy
que les Sauvages n'en ayent point.

Il y a certains jours deſtinez pour
honorer cette ſtatuë, par des fe-
ſtins, par des jeux, par des danſes,
& meſme par des prieres qu'ils luy
adreſſent, avec diverſes ceremonies.
Il y en a vne entre-autres, qui eſt
de ſoy ridicule; mais qui eſt remar-
quable, en ce qu'elle contient vne
eſpece de ſacrifice. Tous les hommes, les vns aprés les autres, s'appro-
chent de la ſtatuë, & pour luy ren-
dre hommage de leur tabac, ils luy
preſentent la pipe en main, pour
petuner : mais comme l'idole ne
peut s'en ſervir ; ils petunent en ſa
place, luy rejettant au viſage la fu-
mée du tabac qu'ils ont dans la bouche : ce qui peut paſſer pour vne
eſpece d'encenſement, & de ſacrifice.

Ce ne ſera pas là, le plus grand
des ennemis qu'il faudra combatre
au Pere Claude Alloüez, ſur qui le

fort eſt heureuſement tombé, pour cette grande & penible Miſſion. Il attendoit à Montreal, depuis long-temps, quelques Sauvages de ces Nations ſuperieures, plus éloignées de nous ; pour remonter avec eux dans leur païs, & en faire vn païs Chreſtien. Vne bande de ſoixante Nepiſſiriniens ayant pris le devant, il les receut comme des Anges de cette Nouvelle Egliſe. C'eſt ainſi qu'il les nomme, dans vne lettre qu'il en eſcrit, en ces termes :

Enfin il a plû à Dieu nous envoyer les Anges des Algonquins ſuperieurs, pour nous emmener en leur païs, & les aider à y eſtablir le Royaume de Noſtre Seigneur. Ce fut Ieudy dernier, vingtiéme de Iuillet, qu'aprés que j'eû dit vne Meſſe votive à ce deſſein, en l'honneur de Saint Ignace & de Saint Xavier, ils arriverent ſur le midy, aprés

aprés vingt jours de navigation, depuis le Saut du Lac superieur. Ie
leur parlay d'abord du Paradis, &
de l'Enfer, & de nos autres myste-
res, à quoy ils se rendoient fort at-
tentifs, & m'escoutoient avec plus
de silence, que lors que leur Capitaine haranguoit : j'espere que le
Saint Esprit, qui les rendoit si do-
ciles, leur fera la grace de recevoir
avec vne soûmission d'esprit, les se-
mences de l'Evangile, que nous
leur portons en leur païs.

Ces Sauvages venus de si loin,
furent attaquez deux fois par les
Iroquois, pendant leur voyage. La
premiere fut peu de temps aprés
leur départ, les Iroquois leur allant
dresser des embuscades, aux endroits
les plus dangereux par où ils doivent passer, pour venir icy faire
leur trafic, & leur commerce avec
nos François. Or comme les AI-

C

gonquins de cette Nation, font plus
marchands que foldats, & qu'ils
font toûjours embarraffez de leur
charge, & peu munis de poudre &
d'armes à feu, qu'ils viennent chercher icy; Cela eft caufe, que quel.
que nombre qu'ils puiffent eftre,
ils évitent toûjours d'en venir aux
mains avec leurs ennemis, pour
peu qu'ils en rencontrent, crai-
gnans toûjours, qu'il n'y en ait
d'autres en campagne, qui doivent
venir fondre fur eux.

De fait ayant trouvé en chemin
les Iroquois, qui s'eftoient renfer-
mez dans vn mefchant fort de pieux,
au nombre de vingt ou trente feu-
lement; les Algonquins, quoy qu'ils
fuffent plus de trois cens hommes,
firent bien femblant de les affieger,
& s'arrefterent quelques jours au-
tour de ce fort, empefchant les Iroquois d'en fortir, mais fans ofer faire
l'attaque

Les Iroquois, en peu de temps, se trouverent reduits dans vne grande extremité, à cause que l'eau leur manquoit: de sorte que pour avoir la liberté d'aller jusqu'à la riviere, quelques-vns d'eux sortirent du fort, avec quelques presens en main, & demanderent à parlementer. Mes Freres, dirent-ils, pourquoy tardez-vous tant à nous attaquer? Nous sommes bien resolus de vous recevoir en gens de cœur, & vous vendre bien cher nostre vie: puisque dans le grand nombre que vous estes, en comparaison du nôtre, nous ne pouvons eschaper vos mains: Mais ce ne sera pas sans bien du carnage de part & d'autre. Au reste nous manquons d'eau dans nostre fort: voicy vn present que je vous fais, pour nous donner la liberté d'aller jusqu'à la riviere.

Ce present estoit vn Collier de

Porcellaine , qui font les perles &
les diamans de ce païs, & qui char-
ma les yeux des Outaoüak. Ils l'ac-
cepterent volontiers , laiffant le paffage libre à leurs ennemis , pour aller puifer de l'eau, dans vn ruiffeau ,
affez proche de là.

Cette premiere ambaffade ayant
fi heureufement reüffi aux Iroquois,
& d'ailleurs fe voyans toûjours af-
fiegez , & leurs provifions fe dimi-
nuer beaucoup , ils en tenterent vne
feconde. Quelques-vns d'eux forti-
rent du fort, avec d'autres prefens,
plus beaux que les premiers, & crie-
rent de loin ; Mes Freres, que tardez-vous icy fi long - temps ? venez
nous attaquer; ou continuez voftre
chemin. Nous vous le rendons plus
facile, & nous efcartons les rochers,
qui pourroient arrefter, & brifer vos
canots. Ils jetterent en mefme temps
d'autres prefens aux pieds des Ou-

taoüak , comme pour aplanir leur chemin : qui en effet se tinrent heureux , de pouvoir passer outre , & de continuer leur voyage , avec quelque espece d'honneur ; aprés qu'il s'estoit fait quelques escarmouches , de part & d'autre , où quelques-vns avoient esté tuez.

La seconde rencontre qu'ils firent des Iroquois , pendant leur voyage , fut vn peu au dessus de la riviere de Richelieu , au Cap dit de massacre : où quelques Iroquois s'estant mis en embuscade , firent leur descharge sur les derniers canots des Outaoüak , qui filoient le long du bord de l'eau , & en tuërent quelques-vns ; prenant aussi-tost la fuite dans les bois , de peur d'estre attaquez par vn si grand nombre d'ennemis , qu'ils avoient laissé passer.

Ils arriverent donc aux Trois-

Rivieres, aprés ces deux rencontres: & y ayant fait leur petit commerce, ils hasterent promptement leur retour, pour ne pas donner aux Iroquois le loisir de s'assembler, & de les venir attendre au passage, en quelque défilé, où ils les auroient pû surprendre à l'impourveu.

Le Pere Alloüez se jette parmy eux, & les suit dans leur païs, pour y publier la Foy, à tant de vastes Regions, & en mesme temps, leur porter les bonnes nouvelles du secours venu de France, qui les delivrera enfin des Iroquois.

Monsieur de Tracy chargea le Pere, de trois presens, qu'il devoit faire à ces Peuples, quand il y seroit arrivé; leur declarant,

Premierement, qu'enfin le Roy alloit ranger à la raison l'Iroquois; & par consequent soustenir toute leur terre, qui estoit en son penchant.

Secondement, que si les Nadoües-
sioüek, qui sont d'autres ennemis,
qu'ils ont aussi sur les bras, ne veulent entendre à la paix, il les y
contraindra par la force de ses armes.

Le troisiéme present, estoit pour
exhorter toutes les Nations Al-
gonquines de ces quartiers-là, d'em-
brasser la Foy, de laquelle quelques-
vns ont déja eu quelque teinture,
par les soins infatigables, & par le
zele Apostolique du Pere René Me-
nard, qui par vne conduite particuliere de la Providence, se perdit
dans leurs bois, où il est mort de
faim, & de miseres, abandonné de
tout secours humain : Mais Dieu,
sans doute, ne l'aura pas abandonné; puisqu'il est par tout avec ceux
qui se perdent pour son amour dans
la conqueste des ames, rachetées du
Sang de IESVS CHRIST.

C iiij

Quelques années auparavant, vn autre de nos Peres , le Pere Leonard Garreau, ayant pris le mesme chemin, avec la mesme Nation des Outaoüak, dans les mesmes desseins du salut de ces ames, y trouva aussi heureusement la mort, dés la seconde journée de son voyage ; ayant esté tué dans vne embuscade d'Iroquois, qui les attendoient au passage. Il se peut faire, que le Pere qui part maintenant avec eux , face bien-tost vne pareille rencontre : mais vn homme vrayment Apostolique, est content par tout de mourir , puisqu'il trouve par tout l'entrée du Paradis. Si c'est vne mort heureuse selon le monde, que de mourir dans vn combat au service de son Prince , qui aprés tout ne peut recompenser vn homme mort, puisque son pouvoir ne s'estend pas jusque-là ; Ceux qui meurent au

service du Roy des Rois, n'ont-ils
pas vne mort mille fois plus heureuse, puisqu'elle est recompensée
de l'Eternité.

## CHAPITRE IV.

*Des premiers forts construits sur la ri-*
*viere des Iroquois.*

EN mesme temps que les Outaoüak s'embarquoient, pour
remonter en leur pais, le vent s'é-
tant rendu plus favorable, les soldats qui avoient esté obligez de
s'arrester aux Trois-Rivieres, s'embarquerent aussi; & aprés avoir na-
vigé sur le lac de Saint-Pierre, ils se
rendirent à l'entrée de la riviere de
Richelieu, qui conduit aux Iroquois
d'Anniegué.

Le dessein que l'on avoit à cette
premiere campagne, estoit de fai-

re baſtir ſur le chemin, quelques forts, que l'on a jugez abſolument neceſſaires, tant pour aſſeurer le paſſage, & la liberté du commerce, que pour ſervir de magaſins aux troupes, & de retraites aux ſoldats malades, & aux bleſſez.

Pour cét effet on a choiſi trois poſtes avantageux. Le premier, à l'emboucheure de la riviere des Iroquois. Le ſecond, dix-ſept lieuës plus haut, au pied d'vn courant d'eau, que l'on appelle le Sault de Richelieu. Le troiſiéme environ trois lieuës plus haut que ce courant.

Le premier fort, nommé Richelieu, a eſté fait par Monſieur de Chamblay, qui commandoit cinq Compagnies, que Monſieur de Tracy y avoit envoyées.

Le ſecond fort, nommé Saint-Louïs, à cauſe qu'il fut commencé dans la femaine, que l'on celebroit la fefte de ce grand Saint, Prote-cteur de nos Rois, & de la France; a efté fait par Monfieur Sorel, qui commandoit cinq autres Compa-gnies, du Regiment de Carignan-Salieres.

Monfieur de Salieres, Colonel du Regiment, a voulu prendre luy-mefme, le pofte le plus avancé vers les ennemis, & le plus dangereux A peine ofoit-on efperer que cét ouvrage deuft eftre fait avant les neiges, n'ayant pû eftre commen-cé que bien tard : Mais le Chef qui a blanchi fous les armes, & qui par le nombre des années, n'a rien per-du encore de fa vigueur, ni de fon courage, ayant mis le premier la main à l'œuvre, a fi bien animé les foldats par fon exemple, que le fort a efté heureufement achevé le mois d'Octobre, au jour de Sainte Terefe, d'où il a tiré fon nom.

De ce troifiéme fort de Sainte Terefe on peut aller commodément jufqu'au lac de Champlain, fans rencontrer aucuns rapides, qui puiffent arrefter les bateaux.

Ce lac, aprés foixante lieuës de longueur, aboutit enfin aux terres des Iroquois Annieronnons. C'eft là que l'on a deffein de baftir encore dés le Printemps prochain, vn quatriéme fort, qui dominera dans ces contrées, & d'où l'on pourra faire des forties continuelles fur les ennemis, s'ils ne fe rendent à la raifon.

Nous donnerons à la fin du chapitre fuivant, le Plan de ces trois forts, avec la Carte du païs des Iroquois, que l'on n'a point encore veuë; aprés avoir remarqué quelques particularitez de ces Peuples, qui nous traverfent depuis fi

long-temps, pour n'avoir jamais
esté bien attaquez.

---

## CHAPITRE V.

*Du païs des Iroquois, & des chemins*
*qui y conduisent.*

IL faut sçavoir que les Iroquois
sont composez de cinq Nations,
dont la plus voisine des Hollandois,
est celle d'Anniegué, composée de
deux ou trois bourgades, qui con-
tiennent environ trois à quatre cens
hommes, capables de porter les
armes.

Ceux-cy nous ont toûjours fait
la guerre, quoy qu'ils ayent quelquefois fait semblant de demander
la paix.

Tirant vers l'Occident, à quarante-cinq lieuës de chemin, se
trouve la seconde Nation, que l'on

appelle Onnejout, qui n'a pour le
plus, que cent quarante hommes
de guerre, & n'a jamais voulu entendre à aucuns pourparlers de paix :
au contraire a toûjours brouïllé les
affaires, lorſqu'elles ſembloient
s'accommoder.

A quinze lieuës vers le Couchant,
eſt Onnontagué, qui a bien trois
cens hommes. Nous y avons eſté
autrefois receus comme amis, &
traitez en ennemis. Ce qui nous
obligea de quitter ce poſte, où nous
avons demeuré deux ans ; comme
au centre de toutes les Nations
Iroquoiſes, d'où nous avons publié
l'Evangile à tous ces pauvres peuples ; aſſiſtez d'vne garniſon de
François, envoyez par Monſieur de
Lauſon, alors Gouverneur de la
Nouvelle France ; pour prendre poſ-
ſeſſion de ces contrées, au nom de
ſa Majeſté.

A vingt ou trente lieuës de là, vers le Couchant encore, est le bourg d'Oïogoüen, de trois cens hommes de guerre; où nous avons eu vne Mission qui formoit vne petite Eglise, remplie de pieté, au milieu de cette barbarie, l'année 1657.

Vers les extremitez du grand lac, qui s'appelle Ontario, est placée la plus nombreuse des cinq Nations Iroquoises, appellée Sonnontoüan, qui contient bien douze cens hommes, dans deux ou trois bourgades, qui la composent.

Ces deux dernieres Nations ne nous ont jamais fait la guerre ouvertement, & se sont toûjours conservées comme neutres.

Toute cette estenduë de païs, est partie au Midy, partie au Couchant des habitations Françoises, à cent, & cent cinquante lieuës.

Ce païs est pour la pluspart fertile, chargé de beaux bois, entre autres de forests entieres de chastaigniers & de noyers, entrecoupé de quantité de lacs, & de rivieres trespoissonneuses.

L'air y est temperé, les saisons reglées comme en France; & la terre, en divers endroits, capable de tous les fruits, que portent la Touraine & la Provence.

Les neiges n'y sont pas hautes, ni de longue durée. Les trois Hivers, que nous y avons passé parmy les Onnontagueronnons, ont esté doux, en comparaison des Hivers de Quebec, où les neiges couvrent cinq mois la terre, & ont trois, quatre & cinq pieds de hauteur.

Comme nous habitons la partie Septentrionale de la Nouvelle France, & les Iroquois la Meridionale, il ne faut pas s'estonner si leurs terres

res

res font plus agreables & plus capables d'eftre cultivées, & de porter de meilleurs fruits.

Il y a deux rivieres principales,
qui conduifent aux Iroquois; l'vne,
à ceux qui font vers la Nouvelle
Hollande, & c'eft la riviere de Richelieu , dont nous parlerons peu
aprés; l'autre, mene aux autres Nations, qui font plus éloignées de
nous , montant toûjours noftre
grand fleuve de Saint-Laurent ; le-
quel au deffus de Montreal, fe cou-
pe comme en deux branches; dont
l'vne mene au païs ancien des Hurons, l'autre à celuy des Iroquois.

C'eft vne des plus confiderables
rivieres que l'on puiffe voir , fi on
a plus d'égard à fa beauté , qu'à la
commodité : car on y rencontre,
prefque par tout, grand nombre de
belles Ifles, les vnes grandes, les autres petites : mais toutes chargées

D

de beaux bois, & pleines de cerfs, d'ours, & de vaches sauvages, qui fournissent abondamment les provisions necessaires aux voyageurs, qui en trouvent par tout ; & quelquefois des troupes entieres de bestes fauves.

Les rivages de la terre ferme, sont pour l'ordinaire ombragez de grands chesnes, & autres bois de haute-futaye, qui couvrent de bonne terre.

Avant que d'arriver au grand lac Ontario, on en traverse deux autres, dont l'vn se joint à l'Isle de Montreal, & l'autre au milieu du chemin. Il a dix lieuës de long, sur cinq de large; Il est terminé par vn grand nombre de petites Isles tres-agreables à la veuë ; & nous l'avons nommé le Lac de Saint-François.

Mais ce qui rend cette riviere incommode, ce font les cheutes d'eau, & les rapides, qui continuënt prefque l'efpace de quarante lieuës ; à fçavoir depuis Montreal , jufqu'à l'entrée de l'Ontario ; n'y ayant que les deux lacs , dont j'ay parlé, dont la navigation foit facile.

Lors que l'on furmonte ces torrens, il faut fouvent defcendre du canot , pour marcher dans la riviere, dont les eaux font affez baffes en ces endroits là , principalement vers les rivages.

On prend le canot à la main , le traifnant aprés foy : d'ordinaire deux hommes fuffifent, l'vn à la pointe de devant , l'autre à la pointe de derriere ; & comme le canot eft tresleger, n'eftant que d'efcorce d'arbres , & qu'il n'eft pas chargé , il coule plus doucement fur l'eau, ne trouvant pas grande refiftance.

Quelquefois on eft obligé de

mettre le canot à terre, & de le
porter quelque temps, vn homme
devant, & l'autre derriere ; le premier portant vne des pointes du
canot fur l'efpaule droite, & le fe-
cond portant l'autre pointe fur la
gauche. Ce que l'on eft obligé de
faire; foit lors qu'il y a des cheutes
d'eau, & des rivieres entieres, qui
tombent quelquefois à pic, d'vne
hauteur prodigieufe; foit lors que
les torrens font trop rapides; ou que
l'eau y eftant trop profonde, on ne
fçauroit y marcher, traifnant le canot à la main ; foit lors que l'on veut
couper les terres, d'vne riviere à vne
autre.

Mais lors que l'on eft venu à l'emboucheure du grand lac, la navigation eft facile, les eaux y eftant pai-
fibles, s'élargiffant d'abord infenfi-
blement; puis environ du tiers, en-
fuite plus de la moitié, & enfin à

perte de veuë; Sur tout aprés que
l'on a traversé vne infinité de petites Isles, qui se trouvent à l'entrée
du lac, en si grand nombre, & dans
vne telle varieté, que les plus expe-
rimentez Pilotes Iroquois, s'y perdent quelquefois, & ont bien de la
peine à reconnoistre les routes qu'il
faut tenir, dans la confusion, &
comme dans le labyrinte que for-
ment ces Isles, qui d'ailleurs n'ont
rien d'agreable, que leur multitude.
Car ce ne sont que de gros rochers
qui sortent de l'eau, & qui ne sont
couverts que de mousse, ou de quelques sapins, & autres bois steriles,
dont les racines prennent naissance
dans les fentes de ces rochers, qui
ne peuvent fournir d'autre aliment,
& d'autre humeur à ces arbres steriles, que ce que les pluyes y peuvent
apporter.

Aprés qu'on s'est tiré de ce triste

sejour, on découvre le lac, qui paroiſt comme vne mer ſans Iſles, & ſans rive : où les barques & les navires peuvent voguer, d'vn bout à l'autre, avec toute aſſeurance : en ſorte que la communication ſeroit facile, entre toutes les Colonies Françoiſes que l'on peut eſtablir ſur les bords de ce grand lac, qui a plus de cent lieuës de long, ſur trente ou quarante de large.

C'eſt de ce lieu-là, que l'on peut ſe rendre, par diverſes rivieres, à toutes les Nations Iroquoiſes, excepté à celle des Annieronnons, dont le chemin eſt par la riviere de Richelieu, de laquelle nous pouvons bien dire deux mots, puiſque c'eſt ſur elle, que nos troupes ont desja fait les trois forts dont nous avons parlé.

Elle ſe nomme la riviere de Richelieu, à cauſe du fort du meſme

nom, qui y fut basti, à son emboucheure, au commencement des
guerres; & qui a esté rebasti tout de
nouveau, pour s'asseurer de l'entrée
de cette riviere.

Elle porte aussi le nom, de la riviere des Iroquois, parce que c'est
le chemin qui y conduit; & que
c'est par là que ces Barbares nous
venoient plus ordinairement attaquer.

Le lit de cette riviere est large
presque par tout, de cent, & cent
cinquante pas; quoy qu'à son emboucheure, elle soit vn peu plus
estroite: ses bords sont revestus de
beaux pins, parmy lesquels on
marche aisément : Comme en effet, cinquante de nos hommes, y
ont fait à pied, par terre, prés de
vingt lieuës de chemin, depuis l'entrée de la riviere, jusques au Sault,
que l'on nomme ainsi, quoy que

D iiij

ce ne ſoit pas proprement vne
cheute d'eau, mais ſeulement vn
courant impetueux, remply de rochers, qui en arreſtent le cours, &
en rendent la navigation preſque
impoſſible, pendant trois quarts
de lieuës; l'on pourra neantmoins
avec le temps en faciliter le paſſage.

Pour le reſte de la riviere, elle
a du commencement vn fort beau
fond, on y rencontre juſqu'à huit
Iſles, avant que d'arriver au baſſin,
qui eſt au pied du Sault.

Ce baſſin eſt comme vn petit
lac, d'vne lieuë & demie de tour,
profond de ſix & huit pieds; où la
peſche eſt tres-abondante, preſque
en toutes les ſaiſons.

A main droite de ce baſſin, en
montant, ſe voit le fort de Saint-
Louïs, baſti tout fraiſchement en
ce lieu, qui eſt tres-avantageux

pour le deſſein que l'on a ſur les Iroquois, puiſque la ſituation le rend preſque imprenable, & le fait dominer ſur toute la riviere.

Aprés qu'on a paſſé les rapides du Sault, qui durent prés de trois lieuës ; on voit le troiſiéme fort, qui termine tous ces rapides : Car l'on trouve en ſuite la riviere tres-belle, & fort navigable, juſqu'au lac, dit de Champlain, vers les extremitez duquel on entre ſur les terres des Iroquois Annieronnons.

## CHAPITRE VI.

*Iournal du second voyage d'vn Pere de
la Compagnie de* IESVS *au lac
de Saint Barnabé.*

LE Pere Henry Nouvel, premier Pasteur de cette Eglise naissante, qu'il avoit formée l'année passée, s'estant disposé pour l'aller cultiver cét Esté dernier, s'embarqua avec quelques François, & se rendit heureusement à l'entrée de la riviere Manicoüagan, dans le mois de Iuin.

Les Papinachois, qui les devoient attendre à Tadoussac, ayant esté obligez d'en partir, plustost qu'ils ne pensoient, estoient desja retirez dans les terres ; ce qui obligea nos François de tenter quasi l'impossible, ayant entrepris, sans guide, &

fans fecours des Sauvages, de monter par vne riviere tres-dangereu-
fe, par des courans d'eau, des abif-
mes & des precipices effroyables.

Ils eftoient comme égarez, dans
ces forefts afreufes, & ne laifferent
pas neantmoins, aprés que le Pere
eut dit la Sainte Meffe, fur vn arbre renverfé de vieilleffe, de pour-
fuivre genereufement leur entre-
prife, & de porter, mefme vne demie lieuë, le canot qui les avoit
portez, par des chemins tres-diffi-
ciles, chargez de leur bagage.

Enfin ils apperceurent quelques
marques peintes fur le tronc des
arbres, par des Sauvages qu'ils cher-
choient, & qui depuis peu avoient
paffé par là. A cette rencontre ils
efperent d'en avoir bien-toft des
nouvelles, & tirent quelques coups
de fufil, en divers endroits de la riviere; afin qu'on leur réponde, &

qu'on sçache qu'ils ne sont pas loin. Ils furent entendus, & bien - tost aprés, ils apperçoivent avec joye, vn petit canot de Sauvages, qui leur venoit à la rencontre. Le salut qu'ils luy firent à l'abord, fut de remercier Dieu de part & d'autre, de les avoir si bien conduits : en suite ils rament fortement vers le lieu du cabanage, où le Pere & les François furent receus, avec des tesmoignages d'affection extraordinaires.

Le Pere ayant desiré de passer outre, pour trouver vne plus grande compagnie, dans le lac de Saint-Barnabé ; les hommes se joignirent à luy, pour faire ce voyage ; & ils partirent dés le lendemain, laissant les femmes & les enfans, en vn endroit assez avantageux pour la pesche, où ils attendroient leur retour.

Le 23. de Iuin, veille de Saint

Iean Baptiste, le Pere, & deux François qui estoient dans son canot, firent naufrage, d'où ils se sauverent d'vne maniere surprenante. En traversant la riviere, ils se voyoient emportez par le torrent, dans vn abisme; & comme ils ne songeoient qu'à éviter ce danger, ils tomberent dans vn autre, le canot ayant versé tout à fait. Desja le courant les emportoit bien loin; lors que l'vn des deux François ayant atteint le canot renversé, l'autre le joignit à mesme temps. Ils se mirent tous deux, sur les deux bouts du canot, afin de le tenir ferme par le contrepoids: autrement, si l'vn eust lasché prise, l'autre auroit enfoncé en l'eau: & comme si vn Ange du Ciel eust conduit le roulement du Pere, que le torrent emportoit, il fut assez heureux pour se joindre aussi d'vne main, à la barre du milieu du canot qu'il faifit en paffant; en forte qu'ils demeurerent tous trois dans cét equilibre plus d'vn quart-d'heure, en vn continuel danger de mort, jufqu'à ce qu'vn autre canot de François, qui fuivoit le premier, euft eu le temps de l'approcher; non pas pour ofer le joindre dans ce rapide, car ils fe feroient expofez au mefme danger; mais dans vne diftance affez raifonnable, pour leur donner fecours; leur jettant de loin vne corde, qu'vn des Compagnons du Pere faifit avec les dents, n'ofant fe defgager les mains du canot.

Ils furent ainfi delivrez de ce danger, & attribuerent cette miraculeufe delivrance, à la fainte Famille de I E S V S, Marie, Iofeph, qu'ils inuoquerent de tout leur cœur, avec vne confiance & vne prefence d'efprit, qui ne pouvoit venir que du Ciel. Le Pere nous ayant affeuré,

que pendant tout le temps de ce
naufrage, roulant dans les eaux de
ce rapide, qui l'alloient abifmer, il
fe difpofoit à la mort, avec tant de
repos d'efprit , & par des actes fi
conformes à ce temps-là ; qu'il ne
fouhaiteroit point d'autres difpofi-
tions dans fon cœur , ni des fenti-
mens de Dieu plus aimables , lors
qu'il fera actuellement à l'heure de
la mort , que ceux dont tout fon
cœur eftoit alors remply.

Le Pere attribuë pareillement à
vne Providence toute particuliere
de Dieu, de ce qu'vn quart-d'heure
avant ce naufrage, vn de fes Compagnons , à fon infceû , avoit mis
dans vn autre canot, & fa chapelle
& fes efcrits, qui eftoient fon vni-
que threfor. Dieu ayant voulu par
ce moyen, leur laiffer cette confolation, de pouvoir celebrer la Meffe le refte de leur voyage : & n'ayant

pas voulu ravir au Pere, ſes eſcrits d'vne langue ſauvage, qu'il prefere à toutes les ſciences du monde, puiſqu'il plaiſt à Dieu de l'employer à la converſion de ces Peuples.

Tandis que nos François combat-toient avec ces torrens; les Sauva-ges qui avoient pris le devant, aprés les avoir long-temps attendus, & ne les voyant point paroiſtre, ap-prehenderent quelque malheur. Ils retournerent ſur leurs pas; & trou-verent le Pere, avec ſes Compa-gnons, ſur vne petite Iſle, qui ſe ſe-cheoient à la faveur d'vn beau So-leil. Ayant appris & leur naufrage, & le lieu où leur canot avoit tour-né, ils leur dirent que c'eſtoit vne protection manifeſte de Dieu, de ce qu'il les avoit conſervez; plu-ſieurs canots Sauvages y ayant tres-ſouvent pery, quoy qu'ils ſoient ex-cellens canoteurs, & qu'ils nâgent

comme

comme des poiſſons en l'eau. Mais Dieu ſans doute aſſiſte ceux, qui mettent en luy leur confiance, & qui n'ont point d'autre deſir que de luy plaire, & de procurer ſa gloire.

Ils continuerent leur voyage, & aprés quelques jours de fatigue, ils arriverent à vn deſtour de riviere, où la Providence de Dieu leur preparoit depuis long-temps vn rafraiſchiſſement de poiſſon. Les Sauvages y ayant tendu leurs retz, prirent quantité de grands brochets.

Peu de jours aprés, ils firent rencontre d'vn lieu, où vn Orignac avoit couché le ſoir d'auparavant: ils y cabanerent; & les Sauvages ayant ſuivi ſes piſtes, le tuërent environ à demie-lieuë de-là, dans les bois. Voilà comme Dieu a ſoin de ſes ſerviteurs, & les ſçait ſervir en chair & en poiſſon.

E

Ce qui reftoit du voyage eftoit le plus fafcheux: Ils arreftent quelque temps en ce pofte, ils y tiennent confeil; & la conclufion fut, qu'vne partie des François & des Sauvages demeurant en cét endroit, le Pere, avec l'autre partie, monteroit jufqu'au lac de Saint-Barnabé, pour y vifiter fes Neophytes, les inftruire, & conferer avec eux, fur le fujet de l'hivernement qu'il pretendoit faire à deux bourgades, dont ils luy avoient parlé il y avoit vn an.

On met donc le canot à l'eau, & enfin aprés trois jours de fatigue, le Pere, & ceux qui l'accompagnoient, arriverent heureufement au lac. A peine eftoient-ils à l'entrée, qu'ils defcouvrent des canots qui leur viennent au devant.

C'eftoit vn Capitaine du lac, qui ayant efté averti, par vn canot qui

avoit gagné le devant, venoit avec
tous ceux de sa famille, pour ac-
cueillir le Pere, & pour luy dire
l'estat où toutes choses estoient.

Il y a dix jours, dit-il au Pere,
qu'vne partie des Papinachois, &
tous les Ouchestigoüek, ausquels
tu donnas le Baptesme l'année passée, en ce lac, en sont partis. Ils
t'ont attendu, jusqu'à ce que ceux
qui sont venus du grand fleuve de
Saint-Laurent, les ont asseuré, que
ni toy, ni aucun des François ne
viendroit cette année. Le Capitaine Oumamiois, à qui le François
qui t'accompagnoit fit des presens,
pour porter aux Sauvages de la Mer
du Nord, n'a point paru icy, &
peut-estre il ne paroistra qu'en Hi-
ver, ou au Printemps prochain. Ie
suis marry, adjousta-t-il au Pere,
de ce que tu ne vois pas icy tous
ceux que tu desirerois y trouver,

pour les inſtruire ; & de ce que les
François qui t'accompagnent , n'y
auront pas toute la ſatisfaction qu'ils
eſperent.

Le Pere interrogea plus à loiſir
ce Capitaine , ſi paſſant plus outre ,
ils ne pourroient pas rencontrer les
Oucheſtigoücks, pour aller en leur
compagnie aux deux boürgades , où
il ſeroit bien-aiſe d'hiverner. Tu ne
peux pas les rencontrer , reſpond le
Capitaine ; ils ſont bien loin d'icy ,
diſperſez en divers endroits faiſant
leur chaſſe aux Outardes : & d'ailleurs je n'ay perſonne propre pour
t'y accompagner.

Cette impoſſibilité de paſſer outre , arreſta le Pere ; qui aprés avoir
inſtruit & confeſſé ces bons Neophytes , au nombre de vingt , s'en
retourna au poſte , où les François
& les Sauvages attendoient de ſes
nouvelles. C'eſt vne douce conſola-

tion, à vn homme qui connoiſt ce qu'a couſté à IESVS CHRIST le ſalut des ames, d'en trouver quelques - vnes pour les conduire au Ciel : & n'y en euſt-il qu'vne ſeule au milieu de la Barbarie, à gagner pour le Paradis, c'eſt vne riche recompenſe de toutes les fatigues que l'on y peut ſouffrir.

On deſcend bien plus aiſément, & plus viſte, cette grande riviere, qu'on ne l'a monté. Le Pere, avec ceux qui l'accompagnoient, arriverent en vn jour au poſté, où ils avoient laiſſé les François & les Sauvages ; & tous de compagnie, arriverent en deux autres jours au cabanage où ils avoient laiſſé les femmes & les enfans.

Ils n'arreſterent là qu'vn jour : & Dieu ne laiſſa pas de donner la conſolation au Pere, d'y baptizer vn petit enfant nouveau nay, & d'y con-

fesser ceux qui ne s'estoient pas con-
fessez.

De-là, on arriva dans vn jour & demy, sur les rivages du grand fleuve de Saint-Laurent: mais non pas sans courir grand risque; le canot du Pere, & celuy de quelques Sauvages ayant pensé perir par vn second naufrage, dans vn rapide dangereux: mais ils furent delivrez par vne protection du Ciel particuliere. Tous les jours, sont des jours de grace & de faveur, pour ceux qui donnent à Dieu leur vie.

Lors qu'ils furent arrivez à l'emboucheure de la riviere, ils dresserent vne petite Chapelle sur vne petite Isle, afin d'y estre plus à couvert des maringonins, ou petites mouches tres-importunes, qui piquent jusqu'au sang, & dont tous les bois sont remplis.

En ce lieu-là, les François & les

Sauvages affifterent à la Meffe, que
le Pere y dit de bon cœur, pour remercier Dieu de fon affiftance en
tout ce voyage.

Le lendemain, les Sauvages qui
avoient accompagné le Pere, firent
leurs devotions ; & le Pere leur
ayant donné à chacun vn Calendrier, où font marquez les Diman-
ches & les Feftes, pour mieux re-
gler leurs devotions ; ils defcendi-
rent tous enfemble, pour faire leur
pefche de faulmon, dans vne riviere qui eft vne journée plus bas.

En mefme temps le Pere & les
François s'embarquerent dans vne
Bifcayonne, & arriverent en deux
jours, à l'entrée de la riviere de Pi-
ribifticou, où vn vent contraire les
arrefta.

Ce fut là, où toutes les fatigues du
Pere furent abondamment effuyées,
par la confolation qu'il receut, à la

E iiij

veuë d'vne famille de Papinachois, que la Providence de Dieu luy fit rencontrer. Le Chef, qui en avoit la conduite, & qui avoit esté instruit dés l'année precedente par le Pere, luy ayant promis qu'il se trouveroit sur le bord du grand fleuve, avec sa femme & ses enfans, pour y recevoir le Baptesme, s'acquita parfaitement de sa promesse.

Il rendit compte au Pere, des instructions qu'il luy avoit données; il l'asseura qu'il s'estoit toûjours servi de la priere, qu'il luy avoit enseignée; & qu'il n'avoit point eu recours à ses superstitions, sinon en vne seule rencontre: mais qu'il en estoit bien marry; Qu'il avoit vne grande apprehension de tomber dans ces feux cachez au milieu de la terre; Qu'il se portoit de tous les desirs de son cœur, pour ce beau lieu, où Dieu recompense à jamais, ceux qui luy ont obeï en cette vie.

Aprés vne suffisante instruction, luy, sa mere, sa femme, & quatre de ses enfans, furent baptizez solemnellement, dans vne petite Chapelle, que les François dresserent avec beaucoup de zele, estant bien-aises de cooperer à cette bonne œuvre; & connoissans tous que Dieu ne les avoit preservez des dangers de la mort, dans lesquels ils s'estoient trouvez, qu'à la consideration de ces pauvres Sauvages, ausquels il vouloit faire misericorde par leur moyen, les ayant obligez de faire quelque sejour en ce poste, par la violence d'vn vent contraire.

Ces bons Neophytes assisterent avec beaucoup de devotion, à la Messe qui y fut celebrée tous les jours : en suite dequoy, Dieu donnant vn vent favorable, ils arrive-

rent en peu de temps à Tadouffac,
& de-là, à Quebec, le jour de Sainte
Anne, qu'ils avoient choifie, pour
vne des Patrones du voyage.

---

## CHAPITRE VII.

*Guerre des Iroquois. Leur victoire, &*
*leur défaite au Lac de*
*Piagouagami.*

QVELQVE difgrace que l'I-
roquois reçoive, il fera toûjours le mefme ; c'eft-à-dire, fu-
perbe & cruel, jufqu'à ce qu'on l'ait
entierement abbatu. Les dernieres
humiliations, qui luy font arrivées
les années paffées, ne luy ont pas
fait perdre l'envie d'aller chercher
du cofté du Nord, des peuples à maf-
facrer. Voïcy ce que nous en fça-
vons d'affeuré.

Cent Iroquois, partie Annieron-

nons, & partie Onnontagueronnons,
ayant refolu d'aller en guerre, partirent de leur païs, environ au milieu de l'Hyver. Pour mieux reüſſir
dans leurs deſſeins, ils ſe diviſerent
en trois bandes, & chacune prit
ſon quartier. Trente vont vers le
païs des Miſtaſiriniens. Trente autres viennent au lac de Piagouagami. Nous n'avons pas bien ſceû
l'endroit où les autres eſtoient al-
lez. Quoy qu'il en ſoit : voicy le ſuccés de la guerre de ceux qui eſtoient
aux environs du lac Piagouagami.

Ces trente, commandez par deux
Chefs, aprés avoir tué en deux endroits cinq hommes , & fait vne
femme priſonniere ; comme ils ne
ſçavoient pas bien le païs , s'en firent faire la deſcription par cette
femme captive : qui aprés le leur
avoir montré, avec trop de ſimplicité, n'eut pour toute recompenſe,

qu'vn coup de hache ſur la teſte, dont elle mourut ſur la place.

Ces Barbares, aprés auoir ſacri-fié à leur rage, cette pauvre victi-me, deſcouvrirent les piſtes de ceux du lac; qui ayant eu quelque crain-te des Iroquois, s'eſtoient renfer-mez dans vne paliſſade de pieux, au nombre de quarante-cinq, avec leurs femmes & leurs enfans: quel-ques-vns neantmoins ne laiſſerent pas de s'écarter, pour vivre de leur chaſſe; & de deux jeunes hommes, qui reſtoient dans les bois, il y en eut vn qui tomba entre les mains des ennemis.

Ils s'attendent, qu'ayant fait ce priſonnier, il ne ſera pas ſeul: en ef-fet, les piſtes des Iroquois ayant eſté deſcouvertes par vn jeune Monta-gnets, qui eſtoit ſorti du fort, il re-tourna ſur ſes pas, & en donna l'a-larme à ſes compatriotes.

A cette nouvelle , quatorze des plus braves fortent pour reconnoître l'ennemi. Mais ils furent bientoft inveftis , & attaquez de toutes parts.  Les Iroquois plus forts en nombre, en tuënt quatre d'abord, & en font trois captifs ; Nos gens toutefois fe deffendent avec courage, en tuënt deux fur la place, & en bleffent quelques autres.

Les fept Montagnets qui reftoient , fe retirent dans leur paliffade , & ne penfent qu'à fe fortifier; tandis que l'Iroquois eftonné du courage des noftres, prend deffein de s'en retourner en hafte, avec fes quatre captifs.

Ils nâgent fortement deux jours entiers ; mais les nuits, qui donnent le repos à tous les hommes , font employées pour brûler impitoyablement nos Captifs. Ils commencent par leur couper à chacun vn

poulce, afin qu'ils ne puiſſent ſe dé-
lier, & continuënt ſur eux leurs autres cruautez.

Mais Dieu touché ſans doute, des
prieres ferventes, que luy adreſ-
ſoient nos pauvres affligez, rompit
les liens à vn, qui s'eſtant eſchapé
heureuſement de ſa captivité, fut
le liberateur des autres, & la cauſe
de la victoire que les vaincus em-
porterent ſur les victorieux.

Ce Captif portant ſon courage
avec ſoy, ſe rendit dans cette paliſſade, d'où ſes compagnons n'oſoient
ſortir, crainte de l'ennemi: il leur
fait eſperer vne victoire glorieuſe,
les ayant animez à le ſuivre, où ils
les conduiroit.

Ils ſe jettent dans leurs canots,
avec reſolution de bien combatre.
Ils arrivent en quatre journées, au
lieu où les Iroquois avoient abordé
devant eux, & par où ils eſtoient

rentrez dans le bois. Nos gens suï-
vent les piſtes, & enfin deſcouvrent
l'ennemi dans vne eſpece de reduit,
où ils s'eſtoient aſſez fortement ca-
banez. Ils prennent le deſſein de
faire leur attaque, dés le poinct du
jour du lendemain.

Ce fut pour lors que ces bons
Chreſtiens ayant fait leur priere,
pour commencer par là leur combat, ſe ruerent ſur les Iroquois, &
forcerent cette paliſſade avec tant
de ſuccés, que dix-huit y demeurerent ſur la place, deux femmes furent faites priſonnieres, & leur trois
compagnons qui eſtoient tombez
entre les mains de l'ennemi, furent
heureuſement delivrez.

Nos Chreſtiens Montagnez ne
perdirent en cette rencontre, que
deux hommes, quoy que les Iroquois euſſent fait deux deſcharges
de fuſil ſur eux.

Tous les Iroquois y furent ou tuez, ou bleſſez : à la reſerve d'vn ſeul, qui ayant pris la fuite dés le commencement de l'attaque, ſembla n'avoir reſté, que pour aller porter la nouvelle de leur défaite dans le païs des Iroquois.

La protection de Dieu ſur ces trois priſonniers, que les Iroquois emmenoient, eſt bien conſiderable. C'eſtoient trois jeunes Chreſtiens, de quinze à ſeize ans, que les ennemis tenoient liez & garottez d'vne façon eſtrange.

Lors que le choc commença, les trois Iroquois qui avoient la garde particuliere de ces trois priſonniers, coururent droit à eux, pour leur caſſer la teſte : car c'eſt ainſi qu'ils en vſent pour l'ordinaire.

Le premier, voulant donner le coup de hache ſur la teſte de ſon captif.

captif, est tué dans ce mesme moment, d'vn coup de fusil, qui sauva
la vie au Chrestien, & qui donna la
mort à l'Infidele.

Le second captif, voyoit desja
rabatre le coup de hache sur sa teste,
lors qu'vne fleche que la Providence de Dieu conduisoit pour le delivrer, perça d'outre en outre celuy
qui l'alloit assommer.

Vn autre semblable accident de-
livra le troisiéme; & ce ne pouvoit
estre sans vne faveur particuliere
du Ciel, que les balles & les fleches,
eurent ce semble du respect pour
ces trois jeunes Chrestiens, qui
voyoient de tous costez les Iroquois tomber roides morts à leurs
pieds, sans qu'aucun coup portast
sur eux.

Nous avons tout sujet de croire,
que cette aimable protection de
Dieu, & sur ces trois captifs Chré-
F

tiens, & fur ceux qui les delivre-
rent fi heureufement, avec tant de
courage, fut vne recompenfe de
leur pieté : car jamais ils n'avoient
manqué tout l'Hyver de faire leurs
prieres, matin & foir, & de garder
les jours de Feftes, qu'ils diftin-
guoient par le moyen de leur petit Calendrier, où ils eftoient tous
marquez : Ils ne manquoient pas
de s'affembler ces jours-là, pour
dire devotement leur Chapelet, &
chanter leurs Hymnes & leurs Can-
tiques fpirituels, comme fi quel-
qu'vn de nos Peres, qui les avoient
inftruits, y eut affifté.

# CHAPITRE VIII.

## De quelques merveilles arrivées depuis peu.

VN jeune garçon, âgé de vingt-deux à vingt-trois ans, nommé Iean Adam, estoit avec son maistre dans les bois, le jour de l'Annonciation de la Sainte Vierge. Il se sentit tout d'vn coup frapé d'vne grande douleur aux yeux : en suite de laquelle, comme la veuë luy diminuoit de jour en jour, il prit les remedes ordinaires. Mais le mal empirant toûjours, il eut recours à Dieu, & fit vne neuvaine à Sainte Anne, avec promesse d'aller en pelerinage à son Eglise, qui est à six lieuës de Quebec, celebre pour les graces, que la divine Majesté y a voulu operer en faveur de cette grande Sainte.

Ce jeune homme ne sentit tou-tefois aucun soulagement : au con-traire l'aveuglement se formoit toû-jours davantage. Ce qui l'obligea de faire vne seconde neuvaine, en l'honneur de Nostre-Dame de Lau-rette, s'engageant par vœu d'y fai-re quelque jour vn pelerinage de devotion. Il pria vn de nos Peres, son Confesseur, de se joindre à luy, pour obtenir de Dieu la guerison de son aveuglement.

Son maistre le mena en canot, pour accomplir son premier vœu, dans l'Eglise de Sainte Anne ; Ce bon jeune homme ne pouvant se conduire luy-mesme, car son aveu-glement estoit entierement formé.

Vn bon Prestre, qui a le soin de cette Parroisse, se sentit inspiré de reciter sur cét aveugle, l'Evangile,

avec l'eſtole, ſelon la couſtume de
l'Egliſe. Pendant le peu de temps
qu'il dit cét Evangile ; l'aveugle vit
par trois diverſes fois, comme trois
éclairs, à la faveur deſquels il recouvra la veuë ; mais par trois mo-
mens ſeulement : pendant leſquels
il vit tres-clairement toute l'Egliſe,
& tout ce qui y eſtoit. Aprés quoy
il retomba dans ſon aveuglement.
Mais il conceut par vne lumiere in-
terieure, que ces trois éclairs paſ-
ſagers , par leſquels il avoit veû tout
ce qui eſtoit dans l'Egliſe, luy mar-
quoient qu'au bout de trois jours, il
recouvreroit entierement la veuë,
& qu'il ſeroit parfaitement gueri.
En effet, il en conceut deſlors vne
ferme eſperance , & aſſeura ceux
qui eſtoient avec luy , qu'il ne luy
reſtoit plus que trois jours , pour
achever la ſeconde neuvaine, qu'il
faiſoit en l'honneur de Noſtre-

F iij

Dame de Laurette, qui obtiendroit
ſa gueriſon.

Le neufiéme jour eſtant venu,
lors que ſon Confeſſeur diſoit la
Meſſe, à ſon intention, au temps de
la conſecration de la tres-Sainte
Hoſtie, il ſe ſentit frapé dans les
yeux, comme de deux pointes de
fer; qui luy firent porter auſſi-toſt
les mains aux yeux ; & en les reti-
rant, il apperceut le Preſtre qui éle-
voit l'Hoſtie, pour la faire adorer
au peuple : de ſorte que les miracles
inviſibles, qui ſe font au moment
de la conſecration, furent accompagnez en cette Meſſe, de ce miracle viſible & ſenſible. Car deſlors
cét aveugle recouvra la veuë, dans
ſa perfection : & la Meſſe achevée,
où il n'avoit pû venir, qu'avec le
ſecours d'vn guide & d'vn baſton,
il s'en retourna ſans aide de perſonne, & ſans baſton, & voit depuis ce

temps-là, plus clair qu'il n'avoit jamais veû.

A l'occasion de ce miracle, je ne sçaurois omettre ce qui s'est passé au fort de Richelieu, par vne protection particuliere de la Sainte Famille, IESVS, Marie, & Ioseph.

Lors qu'on travailloit à ce fort, vn des Lieutenans faisant la ronde, & estant allé visiter vn corps-de-garde, qui estoit avancé environ la portée de deux fusils, se souvint qu'il n'avoit pas assisté le soir aux prieres ordinaires, où l'on a coustume de reciter de compagnie, vn petit Chapelet, en l'honneur de la Sainte Famille, IESVS, Marie & Ioseph. Pour s'aquiter de ce petit devoir de devotion envers cette Sainte Famille, il se retira à l'escart dans le bois, à huit ou dix pas de la sentinelle; où s'estant mis à genoux parmy quelques arbrisseaux qui le cachoient,

F iiij

il commença ce petit Chapelet, le plus devotement qu'il luy estoit possible : lors que le soldat qui estoit en faction, s'estant apperceu de quelque chose dans ces broffailles, & s'estant figuré que c'estoit vn Iroquois, tire deffus à brûle-pourpoint, & ne doutoit point qu'il n'euft tué son homme. Mais comme si la balle euft respecté ce serviteur de Dieu, au lieu de luy percer la teste d'outre en outre, elle ne fit que le blesser legerement, Dieu ayant voulu que l'on connut le danger manifeste où il avoit esté, afin de faire connoistre en mesme temps la puissante protection qu'il avoit receuë de la Sainte Famille, & le secours que nous en devons tous attendre, en de pareilles occasions.

I'adjousteray vne chose presque semblable à ce qui arrivoit souvent à Saint Isidore Laboureur, qui

voyoit mener par les Anges la cha-
ruë qu'il avoit laiſſée pour faire ſa
priere. Ces Eſprits bien-heureux
voulant bien faire ſon office, tandis
qu'il faiſoit le leur.

Vne femme fort vertueuſe, ſe
voyant chargée de trois enfans,
dont le plus âgé n'a que quatre ans,
& d'ailleurs fort éloignée de l'Egliſe, eſtoit fort en peine les jours de
Feſtes, pour faire ſes devotions. Elle ne laiſſoit pas neantmoins de venir à la Chapelle de Saint Iean ; &
d'aſſiſter fort exactement à l'aſſem-
blée de la Sainte Famille, quoy que
ce fuſt toûjours avec beaucoup d'in-
quietude, & de crainte pour ſes enfans. Vn jour qu'elle les avoit laiſ-
ſez endormis à la maiſon, elle fut
bien ſurpriſe à ſon retour, de les
voir habillez fort proprement ſur
leurs lits, qui avoient à desjeuner,
de la maniere qu'elle avoit accoû-

tumé de leur donner. Elle demanda
à fa fille aifnée, qui les avoit ainfi
habillez dans fon abfence. Cét enfant, qui a bien de l'efprit, pour fon
âge, ne pût luy dire autre chofe, fi-
non que c'eftoit vne Dame veftuë
de blanc, qu'elle ne connoiffoit
point, quoy qu'elle connuft fort
bien toutes celles du voifinage :
qu'au refte qu'elle ne faifoit que de
fortir, qu'elle avoit deû la rencontrer en entrant.

Plufieurs perfonnes ont crû pieu-
fement que la Sainte Vierge avoit
voulu guerir elle-mefme les inquie-
tudes de cette bonne femme ; & luy
faire connoiftre qu'elle devoit, aprés
avoir pris de fa part les precautions
ordinaires pour fes enfans, aban-
donner le refte à la protection de la
Sainte Famille.

Ce qui rend cette opinion pro-
bable, eft que la mere trouva la por-

te du logis fermée de la mesme maniere, qu'elle l'avoit laissé en sor-
tant ; qu'elle ne vit point cette femme vestuë de blanc , qui ne faisoit
que de sortir quand elle entroit ; que
toutes les choses se sont faites dans
l'ordre, qu'elle avoit accoustumé de
les faire elle - mesme ; que cela ne
peut estre attribué à nulle personne
du voisinage , ni du païs , que l'on
sçache ; que l'enfant est dans vn âge
peu capable d'vn mensonge de cette
nature ; & qu'aprés tout, Dieu fait
quelquefois en faveur des pauvres,
de semblables merveilles. Enfin les
informations en ont esté faites tres-
exactement , par vn Ecclesiastique
tres-vertueux ; Cette bonne personne se nomme Marie Haslé, femme
de Ioachim Girard : & cela arriva le
8. de Iuillet 1665.

## CHAPITRE IX.

*Cruautez exercées sur quelques Fran-
çois, pris par les Iroquois
en l'année 1662.*

VOICY vne lettre qui nous eſt
tombée entre les mains, touchant le cruel traitement, que quelques François ont receû des Iroquois, depuis deux ans, & dont
nous n'avions pas encore de con-
noiſſance.

Ie ne change rien, ni aux paroles, ni au ſtile de la lettre ; parce que
ſa ſimplicité trouvera plus de crean-
ce dans les eſprits.

Le 25. du mois d'Aouſt de l'année
1662. quatorze François ayant eſté
inopinément attaquez par les Iroquois, en vne petite Iſle proche de

Montreal, s'enfuirent en defordre, fans grande refiftance.

Il n'y eut que Monfieur Brignac, avec deux autres François, qui ne prenans pas garde à la fuite de leurs compagnons, fe mirent en défenfe; & Monfieur Brignac tua d'abord le Capitaine des Iroquois.

Auffi-toft l'efpouvante les faifit, & voyant leur Capitaine mort, ils prenoient desja la fuite, lors que l'vn d'eux fe mit à haranguer les autres, leur difant : Où eft donc le cœur & la gloire de noftre Nation? quelle honte que trente-cinq guerriers s'enfuyent devant quatre François?

Cependant, les autres François, qui eftoient dans vn bateau, fe laiffoient emporter au courant de l'eau; effuyant toute la defcharge des ennemis, dont les vns furent tuez fur l'heure, & les autres bleffez.

Enfin pour revenir aux Iroquois, ayant repris leurs efprits, ils viennent fondre fur les François, & blefferent à mort vn Ecclefiaftique, nommé Monfieur Vignal.

Les deux François qui avoient leurs armes mouïllées, furent bientoft pris avec Monfieur Brignac. Mais celuy-cy fit grande refiftance avant que de fe laiffer prendre. Il eut le bras caffé d'vn coup de fufil, & ne laiffoit pas de leur prefenter le piftolet; mais n'ayant pas la force de le tirer, il fe jetta dans l'eau, & les Iroquois aprés luy; qui l'ayant pris, le traifnerent fur les roches, la tefte & le vifage en bas, prefque tout à l'entour de l'Ifle.

Les Iroquois s'embarquerent avec leurs prifonniers, & tous enfemble furent fe cabaner à la prairie de la Magdeleine, où ils firent vn fort; & prenant le corps du

Sieur Vignal, qui eſtoit mort, le deſpouïllerent, & luy enleverent la chair, pour la manger.

Pour les deux autres François, qui n'avoient point de mal, ils furent liez chacun à vn arbre; vn deſquels, nommé René, priant Dieu tout bas, vn Sauvage l'ayant apperceu, luy demanda ce qu'il faiſoit; & ce François luy ayant reſpondu qu'il prioit Dieu, le Sauvage le délia, & luy dit, Prie à ton aiſe, mets toy à genoux.

Ils paſſerent ainſi la nuit, dans le fort qu'ils avoient fait; & furent le lendemain juſques au Sault, aprés avoir mangé le corps de ce bon Preſtre, & luy avoir enlevé la chevelure.

Aprés ce repas, les Barbares ſe diviſerent. Ceux de la Nation d'Anniegué emmenerent vn François, nommé du Freſne. Ceux de la Nation d'Onnejout, qui eſtoient en plus grand nombre, emmenerent les deux autres.

Ils furent huit journées par ter-re. René toûjours chargé comme vn cheval de bagage; & pour la pluſpart du temps, tout nud. Mon-ſieur Brignac alloit tout doucement, ne pouvant preſque marcher, à cau-ſe des bleſſures qu'il avoit à la teſte, aux pieds, & par tout le corps. Ce qui ne l'empeſchoit de prier Dieu inceſſamment.

Aprés avoir cheminé huit jours durant, les deux bandes qui s'é-toient ſeparées ſe reünirent, & ſe retrouverent en meſme cabanage; faiſant grande réjouïſſance, & gran-de chere de leur chaſſe.

Deux d'entre eux, ayant pris le devant, furent en porter les nouvel-les aux bourgades.

Les Iroquois s'eſtant apperceus
que

que René avoit des heures, & qu'il lifoit dedans, luy voulurent couper vn poulce, & luy deffendirent de frequenter davantage le Sieur Brignac, à caufe qu'ils prioient Dieu enfemble.

Enfin eftant arrivez au bourg de la Nation d'Onnejout, ils defpouillerent les deux François, & leur peignirent le vifage, à leur façon. C'eftoient le Sieur Brignac & René. Alors les ennemis s'eftant mis en eftat de leur donner la falve, qui confifte à faire paffer les prifonniers, comme entre deux hayes, chacun defchargeant fur eux des coups de bafton; Vn des anciens s'efcria, Tout beau, qu'on s'arrefte, qu'on leur face place; & les ayant menez au carrefour de ce bourg, où vn efchafaut eftoit preparé, ils y monterent; Puis vn Iroquois prenant vn bafton, en frapa fept ou

G

huit coups fur René, & luy arracha
les ongles. Aprés quoy on fit defcendre les deux captifs, & on les
mena dans vne cabane, où fe te-
noit le Confeil des anciens.

Toute la nuit fe paffa à faire
chanter les deux prifonniers François; aufquels ils joignirent vn Algonquin, pris chez les Outaoüaks,
par vne autre bande.

Vne des cruautez qu'ils exer-
cerent, fut d'obliger ces trois prifonniers de fe dire des injures, &
de fe tourmenter les vns les autres,
avec des charbons de feu; les François l'Algonquin, & l'Algonquin
les François : Mais ceux-cy n'obeï-
rent pas à ces cruels commande-
mens; de forte qu'vn Capitaine
ayant veû que les François ne vouloient point faire de mal à l'Algonquin, quoy qu'ils en fuffent mal
traitez, les fit feoir auprés de luy,

comme pour les mettre en asseu-
rance.

Enfin le Conseil ayant ordonné
que les deux François seroient brû-
lez ; la sœur du Capitaine tué par
le Sieur Brignac, dit qu'elle vouloit
avoir René pour luy tenir la place
de son frere deffunt. Vn des vieil-
lards dit que cela estoit raisonna-
ble, & on l'accorda , non toutefois
sans peine.

Mais le Sieur Brignac fut brûlé
toute la nuit , depuis les pieds jusqu'à la ceinture ; & le lendemain
ces Barbares continuerent encore à
le brûler ; & aprés luy avoir cassé
les doigts, estant ennuyez de le brûler , vn d'entre - eux luy donna vn
coup de cousteau , luy arracha le
cœur, & le mangea.  Ils luy coupe-
rent le nez premierement, puis les
sourcils, les levres & les jouës.

Parmy toute cette sanglante &
G  ij

cruelle execution , ce pauvre François ne ceſſa jamais de prier Dieu,
pour la converſion de ces Barbares,
offrant pour eux-meſmes, toutes les
douleurs qu'ils luy faiſoient endu-
rer, & diſant toûjours, Mon Dieu,
je vous prie de les convertir : Mon
Dieu , convertiſſez-les , repetant
toûjours ces paroles, ſans avoir crié
pour tout le mal qu'ils luy puſſent
faire.

Enfin ces Barbares, aprés l'avoir
ouvert, beurent ſon ſang ; & l'ayant
haché en pieces , le mirent dans la
chaudiere, & le mangerent.

René eut la liberté, non ſans
crainte pourtant ; parce que quelque temps aprés, vne ſedition s'é-
tant émeuë , il y eut vn Iroquois,
qui entra dans la cabane où eſtoit
noſtre François, le piſtolet bandé
à la main , & luy fit vne demande
qui luy fit grand' peur : car il luy

parla, comme si en nostre langue
il eust dit, Qui vive? est-ce le Pere
le Moyne, ou le Pere Chaumonot?
Alors sa sœur adoptée dit au François, dis Vive le Pere Chaumonot:
& cela le sauva dans cette rencontre.

Enfin aprés dix-neuf mois de peine & de fatigue, qu'il eut tantost à
la chasse, tantost à la pesche, & pendant sa maladie de la petite verole,
qui enleva prés de mille ames, dans
le païs des Iroquois; estant à la
chasse des petites tourtes, avec les
Nations d'Anniegué & d'Onnejout,
il luy vint dans la pensée de s'eschaper, & demanda à son camarade
le Fresne, qui estoit parmy ceux
d'Anniegué, s'il se vouloit sauver.
Il luy dit que non. Alors ayant fait
complot avec deux autres François
du mesme bourg, comme on se
preparoit au départ, pour retourner

dans le païs , il demanda vn ſoir à vn des Iroquois, de quel coſté eſtoit le bourg , & par où on alloit aux Hollandois, & combien il y avoit de lieuës; dequoy eſtant inſtruit , il fut marquer vn arbre, pour ſe ſouvenir de la route qu'il faloit tenir, afin d'y arriver.

De fait, le matin eſtant venu , il remarqua l'endroit par où il faloit paſſer pour ſe ſauver, & pendant que tout le monde ſe mettoit en chemin, chacun ſe chargeant des paquets, les trois François prirent vne autre route ; & bien-heureuſement, à la faveur du feu, que quelques femmes avoient mis dans les feuïllages qui eſtoient ſur la terre; de ſorte que tout eſtoit reduit en cendre, ou meſme diſſipé , on ne reconnut point leurs piſtes.

Ils cheminerent pendant neuf jours, avant que d'arriver à la Nouvelle Hollande , ne mangeant pour toute nourriture , que des herbes qu'ils rencontroient ; car ils avoient quitté leurs paquets , pour estre plus lestes à courir. Ce qui n'empescha pas qu'ils ne fussent en grand danger d'estre repris , & par consequent d'estre jettez au feu, sans remission.

Ils ne marchoient que de nuit, & ne laissoient pas pourtant de se jetter , pour ainsi dire , entre leurs mains , passant tantost auprés des cabanes des pescheurs, sans y penser ; tantost auprés des chasseurs ; tantost de jour se trouvant tout proche d'vne bourgade , tantost de nuit dans le milieu mesme des cabanes.

Ils furent quatre ou cinq fois poursuivis par les Iroquois ; & vne fois entre autres , presque toute la jeunesse de la seconde bourgade

G iiij

d'Anniegué se mit à les poursuivre: d'autres fois ils estoient suivis des guerriers ; & vne autre fois par des gens qui venoient de trafiquer avec les Hollandois.

Aprés plusieurs dangers, ils arriverent enfin chez les Hollandois, sans se faire connoistre, jusqu'à ce qu'ils sceussent s'il y avoit des Iroquois. Comme il ne s'en trouva point pour lors, ils se declarerent pour François, & furent receus à bras ouverts, & menez au Gouverneur du fort d'Orange, qui leur fit tres - bon accueil, les habilla ; & mesme freta vne chaloupe, pour les conduire à Manhate, de peur qu'ils ne fussent découverts des Iroquois, & ensuite enlevez.

De Manhate, ils furent à Baston, & ayant suivi toute la coste, jusqu'à Quebec, ils furent toûjours fort bien receus : & ainsi se termina heureusement leur captivité, dans laquelle ils estoient tous les jours en danger d'vne cruelle mort.

Voilà le contenu de la Lettre, qui ne dit pas la moitié des miseres, qu'ont souffert ces pauvres François. Les armes du Roy peuvent-elles estre mieux employées, que pour nous delivrer de la cruauté de ces Barbares?

---

## CHAPITRE X.

*Des Cometes & signes extraordinaires qui ont paru à Quebec, ou aux environs.*

NOVS ne pretendons pas icy faire vn discours exact de tous les changemens irreguliers des Cometes, qui nous ont paru cette année. Nostre pensée est de rap-

porter seulement quelques obfer-
vations, qui pourront peut - eftre
fervir de fondement aux curieux,
pour en tirer quelques nouvelles
connoiffances.

Ce fut le 29. de Novembre de
l'an 1664. que l'on commença à re-
marquer à Quebec, la premiere
Comete. Quelques-vns ont dit l'a-
voir veuë environ le 15. du mois; &
d'autres affeurent qu'elle parut,
mefme avant la Touffaint.

Le 30. Novembre elle parut encore, de bon matin; mais les nuës
la cacherent à noftre veuë, & à nos
foins, durant les treize nuits fui-
vantes.

Le 14. jour de Decembre, nous
vifmes vn peux mieux la Comete
environ les trois heures & vn quart,
fans pouvoir faire aucune obferva-
tion entiere, fa diftance à l'Efpy de
la Vierge, eftoit de 22. degrez 30.
minutes.

Nous difons icy, ce qui doit eſtre ſceu pour les obſervations ſuivantes, que la hauteur du Pole eſt à Québec de 46. degrez 44. minutes.

Le 15. Decembre nous priſmes la hauteur de la Comete, qui eſtoit de 23. degrez 30. minutes : & celle d'Arcturus à la Comete 54. degrez 20. minutes. Mais nous ne remarquaſmes pas preciſément le temps de l'obſervation. En voicy de plus exactes.

Le 21. Decembre à quatre heures & demie du matin, la hauteur de la Comete eſtoit de 20. degrez 8. minutes. Celle d'Arcturus, 44. degrez 45. minutes. Son Azimuth à la Comete 69. degrez 20. minutes. La Comete qui eſtoit pour lors de 164. degrez 58. minutes : & ſa declinaiſon meridionale, de 23. degrez 8. minutes.

Le lendemain 22. Decembre, à

quatre heures & vn quart du matin, la hauteur de la Comete estoit de 15. degrez 15. minutes. Celle de l'Espy 21. degrez 54. minutes, & l'Azimuth de la Comete à l'Espy 38. degrez 22. minutes, l'Estoile estoit à l'Orient de la Comete ; & par consequent la declinaison australe de la Comete estoit de 27. degrez 31. minutes : & son ascension droite, 162. degrez 51. minutes.

Le vingt-troisiéme à vne heure & demie du matin, la hauteur de la Comete estoit de 6. degrez 36. minutes. La hauteur de Keleb alased, ou du cœur du Lion, 47. degrez 15. minutes, & son Azimuth à la Comete, 20. degrez 10. minutes. On trouve par le calcul, l'ascension droite de la Comete de 150. degrez 15. minutes, & sa declinaison meridiōnale, de 30. degrez 27. minutes.

Le vingt-septiéme, à la mesme heure, la distance de la Comete à Procyon, estoit de 37. degrez 25. minutes; & du cœur du Lion, 50. degrez 30. minutes: & de Sirius, ou du grand Chien, 27. degrez 35. minutes. L'ascension de la Comete estoit ce jour-là, de 112. degrez 20. minutes; & sa declinaison meridionale, 21. degrez 21. minutes 36. secondes. Ce fut pour lors que la Comete estendoit sa queuë, depuis sa situation jusqu'à l'Estoile du grand Chien: & je ne croy pas qu'elle ait guere paru plus grande, que le matin de ce jour.

Le dernier jour de l'an 1664. sur les six heures du soir, la distance de l'espaule droite d'Orion à la Comete, estoit de 27. degrez, & de l'œil du Taureau, 27. degrez 35. minutes. Pour lors la Comete ne nous paroissoit que cheveluë, sans aucune apparence de queuë. Selon cette observation, l'ascension droite de la Comete estoit de 64. degrez, & presque 57. minutes, sa declinaison meridionale 11. degrez 46. minutes.

Nous advouërons icy ingenument, que n'ayant pû observer la Comete les trois jours precedens, voyant d'ailleurs vn si notable changement, tant en sa figure, qu'en sa course, tout à fait extraordinaire, nous n'eusmes pas beaucoup de difficulté à nous persuader que c'en estoit vne seconde.

La mesme nuit, à huit heures & demie du soir, la hauteur de l'œil du Taureau estoit de 59. degrez 27. minutes. La Comete estoit élevée de 32. degrez 35. minutes, & en mesme vertical, l'ascension droite de l'œil du Taureau, estoit 64. degrez 10. minutes, & celle de la Comete 60. degrez, 48. minutes, 30.

ſecondes; ſa declinaiſon meridionale , 10. degrez 9. minutes.

Le premier jour de l'an 1665. à
neuf heures trois quarts du ſoir , la
hauteur de Sirius eſtoit de 22. degrez 27. minutes : & de la Comete,
33. degrez 52. minutes. L'Azimut
de Sirius à la Comete 44. degrez
4. minutes : & partant la declinaiſon meridionale de la Comete ,
eſtoit de 8. degrez 4. minutes , &
ſon aſcenſion droite 62. degrez 50.
minutes.

Nous laiſſons tout exprés les obſervations faites , le ſecond , le ſept,
le onze , treize , quatorze & quinziéme du meſme mois de Ianvier , le
vent & le froid exceſſif, ayant jetté
le deſordre parmy nos inſtrumens,
& n'ayant pas pû les remettre avec
toute l'exactitude neceſſaire en ces
rencontres.

Le Ciel nous a fait paroiſtre vne

autre Comete, aussi prodigieuse en grandeur & en clarté, que la precedente, & qui avoit vne queuë pour le moins aussi longue. Son cours la faisoit approcher du Soleil, à qui elle servoit d'vne aurore extraordinaire.

Nous nous en apperceusmes icy le vingt-neufiéme de Mars, Dimanche des Rameaux : Mais le Ciel fut quasi toûjours couvert, jusqu'au quatriéme d'Avril, où nous remarquasmes que la Comete estoit entre l'Estoile de la teste de Cassiopée, & vne des plus lumineuses de son espaule : & peu s'en faloit qu'elle ne fist vne ligne droite avec ces deux Estoiles. Sa declinaison septentrionale, estoit entre 13. à 14. degrez, & son ascension droite, 335. degrez.

L'onziéme d'Avril, la Comete estoit dans le tropique du Capricorne,

corne, & avoit pour ascension droite, le commencement d'Aries.

Le dix-septiéme, elle formoit vn
triangle rectangle, ou vn peu obtus,
avec la teste d'Andromede, & celle
du milieu; toutes deux de la seconde grandeur. Si on divisoit la distance entre ces deux Estoiles, en
quatre parties, il y auroit environ
trois de ces parties, de celle du milieu jusqu'à la Comete. La premiere
Estoile d'Aries, la Comete, & celle
là mesme de la seconde grandeur;
qui est sur le bord austral de la ceinture d'Andromede, estoient presque en ligne droite, & avoit 25. à
26. degrez de declinaison Nord.

Voilà le peu d'observations que
nous avons faites de la derniere
Comete.

Ce n'est pas seulement du haut
du Ciel, que Dieu nous a parlé, par
ce langage des Estoiles : mais il

H

s'est fait entendre de plus prés ; car du Ciel de la Lune, & de la Terre mesme, nous avons veû, oüy & senti, des effets extraordinaires de sa Toute-puissance.

Le vingt-septiéme Decembre de l'an 1664. la Lune se fit voir, aprés my-nuit, d'vne façon bien surprenante ; car la moitié estoit rouge comme du sang ; & l'autre moitié estoit si lumineuse, qu'elle éblouïssoit les yeux de ceux qui la regardoient.

Le Lundy-dix-neufiéme Ianvier de l'an 1665. sur les cinq heures & trois quarts du soir, on entendit vn son si fort, qui sortit de dessous la terre, qu'il fut pris pour vn coup de canon. Ce bruit fut entendu par des personnes éloignées de trois & quatre lieuës, les vns des autres : & nos Sauvages, qui sçavent que l'on ne tire le canon sur le tard, que pour advertir que l'on a defcouvert la marche de quelques Iroquois, fe retirerent des bois où ils eſtoient, & vinrent toute nuit nous deman-der pourquoy nous avions tiré vn coup de canon ſi terrible.

Environ vn demy-quart d'heure aprés ce bruit, il parut vn globe de feu ſur Quebec, qui ne fit que paſ-ſer, venant des montagnes du Nord, qui rendoit vne ſi grande lumiere, que l'on voyoit comme en plein jour, des maiſons éloignées de Que-bec de deux lieuës.

Dans la ſuite de l'année, on en a veû pluſieurs autres ſemblables, tant à Quebec, qu'au deſſous de Ta-douſſac, & dans le chemin des Trois Rivieres.

Outre les mediocres tremble-mens de terre, & des bruiſſemens frequens dans les coſtes voiſines, la terre a tremblé extraordinairement

H ij

à ſept ou huit lieuës d'icy ; & deux ou trois fois dans vne meſme nuit, avec beaucoup de violence : des François & Sauvages, qui eſtoient dans les bois, en ont reſſenti les violentes ſecouſſes.

Le jour de Saint Mathias, aux environs de Tadouſſac, & à la Malbaye, les tremblemens de terre y furent ſi rudes, que les Sauvages & vn de nos Peres qui hyvernoit de ce coſté-là avec eux, aſſeurent qu'ils n'eſtoient pas moins violens, que ceux qui ſe firent ſentir, icy à Quebec, dans ce fameux tremble-terre qui arriva l'année 1663. Deux François tres-dignes de foy, qui ont parcouru toute cette coſte de la Malbaye, ont aſſeuré que la Relation de l'année 1663. n'avoit exprimé qu'à moitié, les deſordres cauſez par les tremblemens de terre en ces quartiers là. Peut-eſtre que ceux de cette année, ont augmenté ce ravage épouventable.

Le quinziéme d'Octobre 1665. à neuf heures du soir, la terre trembla, faisant puissamment craquer l'ardoise de nostre maison. Ce tremble-terre fut precedé d'vn bruit, que ne feroient pas deux cens pieces de canon, & dura environ vn *Miserere.*

---

## CHAPITRE DERNIER.

*Quelques circonstances sur l'arrivée des vaisseaux du Roy, portans le Regiment de Carignan-Salieres.*

LE 17. & 19. de Iuin 1665. arriverent à Quebec deux vaisseaux partis de la Rochelle, avec quatre Compagnies du Regiment de Carignan-Salieres : tous les soldats estant debarquez en bonne santé, il falut paſſer d'vn gros vaiſſeau, dans de petits bateaux de planches, faits à deſſein pour pouvoir eſtre traiſnez dans les rapides, & les courans d'eau, & eſtre portez par terre au deſſus du Sault de Richelieu, au deſſous duquel ces quatre Compagnies ont fait vn fort, comme nous avons dit au chapitre quatriéme.

Le 30. du meſme mois, parurent de loin deux voiles, qui nous comblerent de joye, quand nous appriſmes qu'elles portoient Monſieur de Tracy. On ne peut pas exprimer quel fut le contentement de tout le peuple, à ſon debarquement.

Le ſeiziéme de Iuillet arriva le navire du Havre, portant des chevaux, dont le Roy a deſſein de fournir ce païs. Nos Sauvages, qui n'en avoient jamais veû, les admiroient; s'eſtonnans, que les Orignaux de France, (car c'eſt ainſi qu'ils les appellent ) soient si traitables , & si soupples à toutes les volontez de l'homme.

Le 18. & 19. d'Aoust , arriverent à nostre rade , deux autres navires , chargez chacun de quatre Compagnies , & à leur teste Monsieur de Salieres Colonel du Regiment.

Les soldats se trouvans en bonne santé , aprés s'estre vn peu rafraischis à terre , partirent sous la conduite dudit Sieur de Salieres , pour aller au plustost , construire deux autres forts , l'vn à l'embouchure de la riviere de Richelieu , l'autre au dessus du Sault ; le premier fort ayant desja esté construit au dessous.

Le douziéme de Septembre parurent deux autres vaisseaux ; le nommé le Saint-Sebastien , & l'autre le Iardin de Hollande : & deux jours aprés , vn troisiéme appellé la

H iiij

Iuſtice, chargez de huit Compagnies.

C'eſtoit pour terminer heureuſement nos attentes, puiſqu'ils portoient Monſieur de Courcelles, Lieutenant general pour le Roy en ce païs; & Monſieur Talon, Intendant pour ſa Majeſté.

Monſieur de Courcelles, qui ne reſpire que la guerre, ſe mit incontinent en devoir d'y ſervir ſa Majeſté, ſous les ordres de Monſieur de Tracy, allant par eau, en des temps aſſez faſcheux, viſiter les travaux que l'on fait, à quarante, cinquante & ſoixante lieuës de Quebec, pour ſe diſpoſer à la Campagne du Printemps & de l'Eſté prochain.

Monſieur Talon nous fit paroître d'abord, que le Roy aimoit le païs, & qu'il avoit de grands deſſeins pour ſon eſtabliſſement, par

les asseurances qu'il nous en don-
noit de bouche : mais aussi, & beaucoup plus, par les merites de sa personne, qui nous fait desja gouster
les douceurs d'vne conduite si rai-
sonnable, & d'vne police toute
Chrestienne.

Au reste, les soldats se sont toûjours bien portez, jusqu'à Tadouf-
sac ; mais par vn accident inconnu,
la maladie s'estant mise dedans vn
de ces vaisseaux, il debarqua plus
de cent malades ; qui furent receûs
des Religieuses Hospitalieres, avec
toutes les charitez imaginables : &
parce que pour grande que fust la
sale des malades, elle ne pouvoit
pas tout contenir, on se vit obligé
de faire de leur Eglise vn second
Hospital, IESVS CHRIST cedant
volontiers sa place à ses membres.

Ces bonnes Religieuses, ayant
des malades en si grand nombre,

vrayment au deſſus de leurs forces,
quoy que non pas de leur courage,
ont fait paroiſtre toute la joye d'vn
cœur rempli de Dieu, dans les ſer-
vices qu'elles ont rendu à ces pauvres ſoldats; leur zele & leur chari-
té ne ſe donnant aucun repos, ni
jour ni nuit, en pourvoyant à toutes les neceſſitez, du corps & de
l'ame de leurs malades. Auſſi l'ont-
elles eſté quaſi toutes elles meſmes,
& quelques-vnes juſqu'aux portes
de la mort. Mais Dieu les a fortement ſouſtenuës, dans vne ferme-
té d'eſprit & de zele, qui ſont les
cauſes & les effets d'vne vraye ſain-
teté.

Comme il s'eſt trouvé pluſieurs
Heretiques parmy ces troupes, on
a travaillé heureuſement à leur converſion. Plus d'vne vingtaine ont
fait abjuration de leur hereſie, avec
de grands reſſentimens des obliga-

tions qu'ils ont à Dieu, qui leur fait trouver le chemin de Paradis, par celuy de Canada.

Vn d'eux, avoit commencé à se faire instruire, estant encore dans le navire : & parce que pour quelque faute qu'il avoit faite, il fut condamné à la cale; on luy declara qu'il en seroit delivré, s'il vouloit se convertir. Il fit réponse que ce motif de sa conversion estoit trop bas, & trop interessé; qu'il vouloit recevoir ce chastiment, puisqu'il l'avoit merité, aprés quoy il adviseroit à ce que Dieu luy inspireroit touchant sa Religion. Il receut donc ce châtiment : quelque temps aprés, il demanda d'estre pleinement instruit; fit son abjuration, & estant du nombre des malades qui furent portez à l'Hospital, il y mourut, avec des sentimens de devotion tres-rares, baisant & embrassant le Crucifix,

& s'entretenant avec luy, jusqu'à la mort, en de tres-amoureux collo-ques.

Ie ne puis pas aussi omettre vn coup de la grace, bien merveilleux, en la personne d'vn autre Hereti-que, des plus opiniastres que nous ayons veus icy. On le sollicita à plusieurs reprises, & avec toutes les instances possibles, pour luy tou-cher le cœur, & pour luy faire voir son mal-heureux estat : mais toû-jours en vain. Et non seulement il ne vouloit pas escouter les saintes & charitables instances qu'on luy faisoit ; les rebutant avec indigna-tion : mais mesme il s'engageoit par de nouvelles protestations, à mou-rir plustost, que de quitter la Reli-gion, dans laquelle estoient tous ses parens. Cependant estant tombé tres-griévement malade, & ayant esté porté à l'Hospital, comme les autres ; ces bonnes Religieuſes, qui n'ont pas moins de zele pour le ſalut de l'ame de leurs malades , que d'affection pour la ſanté de leurs corps , faiſoient de leur coſté tout leur poſſible, pour le gagner.

Vne d'entre-elles ayant ſouvent experimenté la vertu des Reliques de feu Pere de Brebeuf , brûlé autrefois tres-cruellement par les Iroquois , dans le païs des Hurons, lors qu'il travailloit à la converſion de ces Barbares, s'adviſa de meſler à ſon inſceu, vn peu de ces Reliques pulveriſées, dans vn breuvage qu'elle luy fit prendre.  Choſe admirable ! cét homme devint vn agneau, il demande à ſe faire inſtruire, & il reçoit dans ſon eſprit, & dans ſon cœur, les impreſſions de noſtre Foy, & fait publiquement abjuration de l'hereſie, avec tant de ferveur, que

luy-mefme en eft eftonné : & pour
comble des graces de Dieu fur luy,
il reçoit la fanté du corps, avec celle de l'ame.

Aprés que le mal, qui s'eftoit
mis parmy ces dernieres troupes,
eut ceffé, on les envoya dans leurs
quartiers-d'hyver, attendant le Printemps, pour marcher contre les
Iroquois.

C'eft ce qui nous fait efperer,
que les portes de l'Evangile vont
eftre ouvertes à toutes ces pauvres
Nations barbares : & au lieu qu'il
nous a falu chercher paffage au tra-
vers des feux & des haches des Iroquois, & prendre les routes les plus
difficiles, pour éviter les plus dan-
gereufes ; nous irons tefte levée,
dans ces vaftes regions du Nord,
& du Midy ; puifque noftre grand
Monarque nous va applanir les

chemins; afin que pendant qu'avec ses armes victorieuses, il fera de cette Barbarie vn Royaume François, nous travaillions à en faire vn Royaume Chreſtien, qui s'eſtendra à plus de ſix cens lieuës à la ronde; en vn païs, qui ne cedera en rien, pour la fertilité de la terre, & pour la douceur du climat, à ce qui ſe trouve de plus doux, & de plus aimable en Europe; où il ſe trouve plus de vingt langues differentes, qui ſeront employées à faire retentir ces vaſtes foreſts, des loüanges de noſtre invincible Monarque, en meſme temps qu'elles publieront celles de Dieu. Qu'à jamais ſoit beni le Dieu de noſtre grand Roy, diront ces Nations Sauvages; qui ne nous delivre pas ſeulement de la captivité des Iroquois, mais encore de celle des Demons; & nous tire des

feux des vns & des autres, pour de-
venir les Sujets du plus grand de
tous les Monarques de la terre, &
les enfans du Dieu de tous les Monarques du Monde.

# F I N.